어린이가 꼭 알아야 할
100가지 영어 교양

수상한 영어 어원 대백과

서미석 지음

브리드북스

영어 어원이 이렇게 재미있다고요?

혹시 이런 궁금증을 품어 본 적 있나요?
'아킬레스건'은 왜 우리의 가장 약한 부분을 뜻하게 되었을까?
1월을 나타내는 January에 어떻게 두 얼굴의 신 Janus의 이름이 붙었을까?
옛날 스페인 사람들은 왜 귀족의 피가 파랗다고 생각했을까?
'초록 눈의 괴물green-eyed monster'은 대체 어떤 괴물을 말하는 걸까?

우리가 매일 쓰는 영어 단어에는 놀라운 이야기들이 숨어 있습니다. 단어 하나가 만들어지기까지는 아주 오랜 시간이 걸리기도 하고, 그 안에는 재미있는 신화 속 주인공, 깜짝 놀랄 만한 역사 속 사건, 그리고 옛날 사람들의 삶과 생각이 고스란히 담겨 있습니다.

◆◆◆

마치 우리가 이름에 조상의 성을 물려받듯, 영어 단어 하나하나에도 특별한 '족보'가 있습니다. '학교school'라는 단어가 옛날 그리스에서 '자유로운 시간'을 뜻하는 말에서 왔다는 사실을 믿을 수 있나요? 공부와 자유로운 시간은 왠지 어울릴 것 같지 않지만, 그 당시 사람들은 자유롭게 이야기하고 배우는 것을 아주 중요하게 생각했습니다. 이렇게 단어의 배경 이야기를 알면 영어가 훨씬 더 재미있게 느껴질 것입니다.

이 책은 이렇게 신기하고 재미있는 단어들의 '숨겨진 이야기'를 담은 특별한 어원 이야기책입니다. 단어가 어떻게 생겨났고, 어떤 변화를 거쳐 지금의 모습이 되었는지 어린이 여러분의 눈높이에 맞춰 쉽고 재미있게 풀어놓았습니다. 어려운 말이나 복잡한 설명 대신, 흥미진진한 이야기와 상상력을 키워 주는 질문들로 가득 채웠어요. 마치 재미있는 동화책을 읽듯이 술술 읽힐 거예요.

　예를 들어, 한 주의 중간인 목요일을 나타내는 Thursday는 북유럽 신화에 나오는 천둥과 번개의 신 토르Thor에서 유래하여 '토르의 날'이라는 뜻이랍니다. 또, 갑자기 깜짝 놀라 어쩔 줄 모르는 상태를 뜻하는 panic(공황)은 그리스 신화에 나오는 숲의 신 판Pan이 사람들을 깜짝 놀라게 했다는 이야기에서 나온 말입니다. 오래된 신화 속 이름이 지금 우리가 쓰는 말에 살아 숨 쉬고 있다니, 정말 신기하죠? 단어 속에 숨어 있는 이런 신화나 전설은 단어를 더 깊이 이해하게 해 줄 뿐만 아니

◆◆◆

라, 영어 공부를 더욱 즐겁게 만들어 줄 거예요.

영어 단어를 무작정 외우려고 하면 어렵고 힘들지만, 그 안에 담긴 이야기를 알게 되면 단어가 훨씬 친근하게 느껴지고 오래 기억에 남는답니다. 이 책은 단순히 한 번 읽고 마는 책이 아니라, 여러 번 펼쳐 보며 단어에 담긴 이야기를 점점 더 깊이 있게 익힐 수 있도록 만들었어요. 단어마다 관련된 이야기와 더 많은 정보가 담긴 팁과 재미있는 퀴즈를 함께 실었답니다. 앞에서 읽었던 이야기를 떠올리며 퀴즈를 풀거나, 단어와 관련된 문화나 역사를 더 자세히 살펴보면 영어 단어가 더욱 친근해지고 오랫동안 기억에 남을 거예요. 단어를 그냥 지나치지 않고, 자꾸 생각하게 만드는 힘이 생기는 거죠.

이 책에 나오는 단어들은 학교에서 배우는 기본적인 단어부터, 우리가 일상생활에서 자주 사용하는 친숙한 단어들까지 다양하게 골랐습니다. 이 책을 통해 여러분은 영어를 배우는 것이 얼마나 재미있는 일인지 알게 되고, 세상을 바라보는 시야도 더욱 넓어질 거예요. 어쩌면 이 책을 읽다가 깜짝 놀랄지도 모릅니다. "와, 영어 단어 하나에 이렇게 긴 이야기가 숨어 있었다니!" 하고 말이죠. 그리고 자신도 모르게 다른 단어의 이야기도 궁금해질 거예요. 바로 그 호기심이 여러분을 영어 공부의 즐거운 세계로 이끄는 큰 힘이 될 것입니다. 이 책이 여러분의 호기심에 불을 지피고, 영어를 더욱 깊고 재미있게 이해하는 데 큰 도움이 되기를 바랍니다.

♦♦♦

자, 이제 신기하고 재미있는 단어 이야기 세계로 함께 떠나 볼까요? 단어 하나하나가 들려주는 놀라운 비밀들을 따라가다 보면 영어와 다른 나라의 문화, 그리고 더 넓은 세상이 더욱 가깝고 흥미롭게 느껴질 거예요!

서미석

이 책 활용법

『수상한 영어 어원 대백과』를 읽고 이렇게 활용하세요.

수상한 100가지 이야기

영어 단어와 관용어 표현 100가지가 어떻게 만들어졌는지, 신화·역사·문화 속 흥미로운 이야기를 통해 소개합니다. 단순한 암기가 아니라, 단어 하나하나에 담긴 배경을 이해하며 영어와 더욱 친해질 수 있어요.

생활 속 영단어 사용법

이 단어, 실제로는 어디에 쓸 수 있을까요? 실생활에서 단어가 어떻게 쓰이는지를 알아보며, 어휘 감각을 자연스럽게 키워 보세요.

Tip

본문에서 미처 소개하지 못한 흥미로운 사실이나 정보를 알 수 있어요.

전체 내용 파악하기

이야기를 잘 읽었는지 확인해 볼까요? 어린이의 눈높이에 맞춘 쉬운 설명과 함께, 중요한 내용을 다시 떠올리며 기억을 튼튼히 만들 수 있어요.

OX 퀴즈 & 선 긋기

단어 뒤에 숨은 이야기, 얼마나 기억 하고 있나요? 간단한 OX 퀴즈나 알 맞은 내용끼리 선을 잇는 활동으로, 내용을 재미있게 다시 확인해요!

생각 키우기

이야기를 읽고 나서, '나라면 어땠을 까?' 하고 상상해 보세요. 비슷한 상 황을 떠올리고, 내 생각을 정리하는 활동은 상상력과 사고력을 쑥쑥 키 워 줘요.

어원 속 숨은 이야기

'음식', '직업', '요일', '달(month)' 같 은 익숙한 단어에도 놀라운 이야기들 이 숨어 있어요. 알고 나면 일상이 훨 씬 더 흥미롭고 새롭게 보일 거예요!

머리말 004
이 책 활용법 008

1부. 일상 생활에 관한 어휘와 표현

001. 정오가 원래는 3시였다고? … afternoon 오후　016
002. 하늘의 항구는? … airport 공항　018
003. 고대 로마 사람들도 수족관을 즐겼다고? … aquarium 수족관　020
004. 벤치에서 시작된 은행의 역사 … bank 은행　022
005. 두 개의 바퀴가 만든 역사 … bicycle 자전거　024
006. 건배의 비밀, 잔 바닥을 확인하라! … bottoms up 건배　026
007. 아침의 시작, 단식 깨기! … breakfast 아침 식사　028
008. 한솥밥을 먹는 데서 싹트는 우정 … classmate 반 친구, 동급생　030
009. dinner가 원래는 아침 식사였다고? … dinner 식사, 저녁식사, 만찬　032
010. 앵글족의 나라, 잉글랜드 … England 영국　034
011. 한 지붕 아래서는 모두가 familiy … family 가족　036
012. 체육관의 기원이 벌거숭이였다고? … gym 체육관, 운동　038
013. 작은 말에서 시작된 큰 행복, hobby의 탄생 비화 … hobby 취미　040
014. 여관에서 병원으로, hospital의 변신은 무죄 … hospital 병원　042
015. 늪지대의 저주, 말라리아의 진실 … malaria 말라리아　044
016. 바지가 코미디에서 시작된 패션이라고? … pants 팬티, 바지　046
017. 중세 귀족의 통행증에서 국제 신분증으로 … passport 여권　048
018. 샌드위치가 도박 중독자의 이름이었다고? … sandwich 샌드위치　050
019. 학교가 원래는 노는 곳이었다고? … school 학교　052
020. 중세 학자들의 열정이 깃든 말, study … study 공부하다, 연구하다, 학습, 학문　054
021. 빵 조각이 건배로 변신한 사연은? … toast 구운 빵, 굽다, 건배하다　056
022. 집 떠나면 개고생, 그것이 여행 … travel 여행　058
023. 휴가의 본질은 비우는 것 … vacation 휴가　060
024. 프랑스 왕의 병을 낫게 한 명약 … yogurt 요구르트　062
025. 소리를 포장해 보내는 마법의 기계, 전화기 … telephone 전화기, 전화　064
026. 비밀을 간직한 고대 종이, 파피루스 … paper 종이　066
027. 햄버거에는 원래 빵이 없었다! … hamburger 햄버거　068
028. 귀족의 안식처에서 대중의 쉼터로 … lounge 라운지, 대합실, 휴게실　070
029. 냄비 속 행운, potluck의 기원 … potluck 평소에 먹는 음식　072

• 음식 이름에도 이야기가 있어요!　074

2부. 감정과 관계에 관한 어휘와 표현

- 030. 불멸의 영웅을 무너뜨린 치명적 약점 … **Achilles heel** 아킬레스 건 … 078
- 031. 벌에게도 무릎이 있다고? … **bee's knees** 멋진, 끝내 주는 … 080
- 032. 고양이 목에 방울 달기, 좋은 생각인데 누가 하지? … **bell the cat** 위험한 일을 떠맡다 … 082
- 033. 양치기의 골칫덩어리, 검은 양 … **black sheep** 골칫덩어리, 문제아 … 084
- 034. 귀족의 피는 푸른색이라고? … **blue blood** 명문 출신, 귀족 혈통 … 086
- 035. 뜨거운 숨과 차가운 숨, 그 이름은 변덕쟁이!
  … **blow hot and cold** 변덕이 심하다, 주관이 없다 … 088
- 036. 다리를 부러뜨려야 행운이 온다고? … **break a leg** 행운을 빌어, 잘해 봐, 파이팅 … 090
- 037. 첫 만남의 마법, 얼음을 깨다 … **break the ice** 어색한 분위기를 풀다 … 092
- 038. 행복한 결혼의 징표, 베이컨 한 덩어리
  … **bring home the bacon** 생계를 책임지다, 성공을 거두다 … 094
- 039. 누가 내 얘기를 하면 귀가 타오른다고? … **burning ears** 귀가 간지러운 … 096
- 040. 코미디, 웃음과 축제의 만남 … **comedy** 코미디, 희극 … 098
- 041. dirty, 단순한 더러움에서 복잡한 감정으로 … **dirty** 더러운 … 100
- 042. 손님을 쫓으려면 식은 고기를 주라고?
  … **give the cold shoulder** 냉대하다, 쌀쌀맞게 대하다 … 102
- 043. 질투하는 사람의 피부는 초록색? … **green eyed monster** 질투심, 시기 … 104
- 044. 반란의 아이콘에서 평범한 남자로, guy의 변신 … **guy** 사람, 남자 … 106
- 045. 승자독식의 아이콘은 바로 사자 … **lion's share** 알짜배기, 제일 좋은 몫 … 108
- 046. 로터스의 유혹, 현실을 잊게 하는 달콤한 환상 … **lotus eater** 몽상가 … 110
- 047. 신화 속에서 시작된 특별한 만남, 멘토 … **mentor** 스승, 멘토 … 112
- 048. 욕망이 만든 황금의 비극, 미다스의 손 … **Midas touch** 큰 부자, 성공하는 재능 … 114
- 049. 나르시시즘, 거울 속에 빠진 영혼 … **narcissism** 나르시시즘, 자아도취 … 116
- 050. 갑작스러운 공포 패닉, 판의 저주 … **panic** 극심한 공포, 공황 상태 … 118
- 051. 자존심을 지키기 위한 거짓말, 신 포도 … **sour grapes** 오기, 자기 합리화 … 120
- 052. 콩을 쏟으면 왜 비밀이 새어 나갈까? … **spill the beans** 비밀을 누설하다, 무심코 말하다 … 122
- 053. 사막의 배를 침몰시킨 지푸라기 한 가닥
  … **the last straw** 최후의 일격, 더 이상 견딜 수 없는 한계 … 124
- 054. 받느냐 마느냐 그것이 문제로다, 흰 코끼리 … **white elephant** 애물단지 … 126

- 직업 이름에도 이야기가 있어요! … 128

# 3부. 신화와 과학에 관한 어휘와 표현

055.	성경이 도시의 이름에서 유래했다고? … `bible` 성경	132
056.	카나리아의 이름이 개와 관련이 있다고? … `canary` 카나리아 새	134
057.	암의 명칭이 게와 관련 있다고? … `cancer` 암	136
058.	작은 방에서 휴대전화까지, cell의 놀라운 변신 … `cell` 세포, 감방, 암자	138
059.	시리얼이 로마 여신에서 유래했다고? … `cereal` 곡물, 시리얼	140
060.	노란 담즙의 오해, 콜레라의 진짜 얼굴 … `cholera` 콜레라	142
061.	계산의 동반자에서 인류의 동반자로 … `computer` 컴퓨터, 계산기	144
062.	질서와 조화의 상징, 코스모스 … `cosmos` 우주	146
063.	악어가 자갈 위의 벌레라고? … `crocodile` 악어	148
064.	문화란 밭을 가꾸듯 마음을 가꾸는 것 … `culture` 문화	150
065.	하루의 기록에서 삶의 기록으로 … `diary` 일기	152
066.	새로운 언어의 길라잡이, 사전 … `dictionary` 사전	154
067.	로마 제국의 상징에서 미국의 국조까지 … `eagle` 독수리	156
068.	플라멩코 춤과 홍학이 같은 말에서 나왔다고? … `flamingo` 홍학	158
069.	눈을 가린 포르투나, 운명의 수레바퀴를 돌리다 … `fortune` 운, 행운, 재산	160
070.	frank의 놀라운 변신, 민족에서 성격으로 … `frank` 솔직한	162
071.	혼돈에서 시작된 과학 용어, 가스 … `gas` 가스, 기체	164
072.	올림포스 신화 속 기간테스, giant의 뿌리 … `giant` 거인, 위대한 사람	166
073.	1월이 두 얼굴의 신에게서 생겨났다고? … `January` 1월	168
074.	뮤즈의 예술, 음악의 기원 … `music` 음악	170
075.	모든 바다의 근원, 오케아노스 … `ocean` 바다, 대양	172
076.	로봇이라는 이름에 담긴 체코 농노의 슬픈 역사 … `robot` 로봇	174
077.	뛰어오르는 자, 그대의 이름은 연어 … `salmon` 연어	176
078.	경고음 사이렌이 유혹의 노래였다고? … `siren` 사이렌, 공습경보	178
079.	재능은 땅에 묻으면 없어진다? … `talent` 재능, 장기, 재주 있는 사람	180
080.	목요일에는 천둥이 칠까? … `Thursday` 목요일	182
081.	비극이 염소의 노래였다고? … `tragedy` 비극	184
082.	불카누스의 대장간에서 탄생한 화산의 비밀 … `volcano` 화산	186

• 월 이름에도 이야기가 있어요!   188

4부. 여러 가지 관용어와 속담

083. 사냥에서 나온 말, 왜 빙빙 돌려 말할까?
··· `beat around the bush` 돌려 말하다, 요점을 피하다   194

084. 소금 통이 신분을 결정한다고? ··· `below the salt` 하층민의, 별 볼일 없는, 하찮은   196

085. 말을 잃게 만든 고양이의 비밀
··· `cat got one's tongue` 꿀 먹은 벙어리가 되다, 잠자코 있다   198

086. 병아리는 알에서 부화한 뒤에 세어야지
··· `count one's chickens` 김칫국부터 마시다, 섣불리 기대하다   200

087. 9번 구름에 누우면 가장 행복하다고?
··· `cloud nine` 행복의 절정, 하늘에 날아오를 것 같은 기분   202

088. 초상화가 비싼 이유는 팔 다리 때문이라고?
··· `cost an arm and a leg` 매우 비싸다, 큰돈이 들다   204

089. 염소를 훔쳐 가면 왜 짜증이 날까? ··· `get one's goat` 짜증스럽게 하다, 열 받게 하다   206

090. 버럭! 도끼 자루가 날아간 이유는? ··· `fly off the handle` 버럭 화를 내다, 발끈하다   208

091. 승리를 확신하면 손을 내린다고? ··· `hands down` 수월하게, 쉽게, 명백히   210

092. 머리 위에 매달린 칼, 이보다 위태로울 수는 없다
··· `hang by a thread` 위태로운, 아슬아슬한   212

093. 열면 안 되는 상자, 판도라의 비밀
··· `open pandora's box` 긁어 부스럼을 만들다, 사태를 악화시키다   214

094. 엎친 데 덮친 격, 불을 피해 달아나니 더 큰 불 속으로
··· `out of the frying pan into the fire` 엎친 데 덮친 격   216

095. 사라진 아이들, 약속의 대가를 지불하라! ··· `pay the piper` 대가를 치르다   218

096. 살은 주지만 피는 줄 수 없다? ··· `pound of flesh` 터무니없는 요구, 지독한 요구   220

097. 하늘에서 고양이와 개가 우수수 떨어진다고?
··· `rain cats and dogs` 비가 억수같이 쏟아지다   222

098. 죽음에서 피어나는 새 생명, 피닉스의 부활
··· `rise from the ashes` 부흥하다, 부활하다   224

099. 사라진 시체, 벽장 속 해골의 비밀 ··· `skeleton in the closet` 말 못할 비밀   226

100. 곰돌이의 원조는 루스벨트 대통령 ··· `teddy bear` 곰 인형, 테디 베어   228

• 요일 이름에도 이야기가 있어요!   230

 bank

 hamburger

 breakfast

1부

일상 생활에 관한 어휘와 표현

001 **afternoon**
오후

정오가 원래는 3시였다고?

우리가 흔히 사용하는 afternoon이라는 말에는 오랜 역사가 숨어 있습니다. '오후'를 뜻하는 이 말은 '후에'를 의미하는 after와 '정오'를 의미하는 noon이 합쳐진 말입니다. 흥미로운 점은 현재 우리가 정오라고 부르는 시간이 과거에는 오후 3시를 가리켰다는 사실입니다.

   noon은 라틴어로 '아홉 번째 시간'이라는 뜻의 nona hora에서 유래했습니다. 고대 로마인들은 하루를 낮 12시간, 밤 12시간으로 나누고, 해가 뜨는 아침 6시를 하루의 시작으로 여겼습니다. 따라서 아홉 번째 시간은 지금의 오후 3시에 해당합니다. 하지만 중세 시대에 들어서면서 nona hora는 점차 정오를 가리키는 말로 변화했습니다. 그에 따라 오후 시간을 afternone이라고 불렀는데, 이 말이 변하여 afternoon이 되었습니다.

   이러한 변화는 중세 사회의 종교의식과 생활 방식과 관련이 있습니다. 당시 사람들은 해가 높이 뜬 정오쯤에 잠시 휴식을 취하고, 오후에는 다시 일을 시작하는 것이 일반적이었습니다. 정오는 하루 중 가장 뜨거운 시간이었으므로, 사람들은 이 시간을 활용하여 휴식을 취하며 활력을 충전한 뒤 오후에 할 일을 마무리했습니다. 많은 문화권에서 정오 이후에는 점심을 먹고 쉬거나 낮잠을 자는 시간을 가졌는데, 이는 단순한 휴식이 아니라, 남은 하루를 효율적으로 보내기 위한 지혜였답니다.

1. 다음 중 'afternoon(오후)'이라는 단어의 유래를 올바르게 설명한 것은 무엇인가요?

① afternoon은 '햇빛이 따뜻한 시간'을 뜻하는 고대 영어에서 유래했다.
② afternoon은 '밤 이후'라는 뜻으로, 새벽 시간을 의미했다.
③ afternoon은 '정오 이후'라는 뜻으로, 원래 정오는 지금의 오후 3시였다.
④ afternoon은 오후에 먹는 식사를 뜻하는 단어에서 비롯되었다.

2. 다음 중 afternoon이라는 표현이 가장 잘 어울리는 상황은?

① 사람들이 해 뜨자마자 아침 식사를 마쳤다.
② 아이들이 저녁 식사 후 숙제를 시작했다.
③ 해가 지고 나서 별을 바라보며 산책을 했다.
④ 정오 이후 잠시 휴식을 취한 뒤 다시 일과를 시작했다.

3. 옛날에는 '정오(noon)'가 지금처럼 12시가 아니라 오후 3시였다고 해요! 이 사실을 알게 된 후, 어떤 생각이 들었나요?

_____
_____
_____

> **Tip**
> 오전과 오후를 나타내는 AM과 PM도 라틴어에서 유래한 걸 알고 있나요? 라틴어로 정오는 meridiem이라고 해요. 그리고 '~전에'를 나타내는 말은 ante, '~후에'를 나타내는 말은 post예요. 그래서 오전은 ante meridiem, 오후는 post meridiem입니다. 이를 앞 글자만 따서 AM, PM이라고 부르게 된 것입니다.

정답 1. ③ 2. ④ 3. (예시) 시간도 시대에 따라 바뀐다니 신기했어요. 우리가 쓰는 말 속도 계속 변해왔겠죠!

002 **airport**
공항

하늘의 항구는?

수백 년 전만 해도 하늘을 나는 것은 꿈같은 이야기였지만, 이제는 누구나 비행기를 타고 전 세계 어디든 갈 수 있게 되었어요. 우리가 비행기를 타기 위해 찾는 곳인 공항은 영어로 airport라고 합니다. '공기, 대기'를 뜻하는 air와 '항구'를 뜻하는 port가 합쳐져 만들어진 airport는 '하늘의 항구'라는 뜻입니다. 마치 배가 드나드는 바다의 항구처럼, 비행기가 이착륙하는 곳이니 하늘의 항구라고 부르는 것이겠죠.

port는 라틴어 portus에서 유래한 말로, 사람과 물건이 오가는 중요한 장소인 '항구'를 뜻합니다. 비행기가 처음 등장한 20세기 초반, 사람들은 새로운 탈것인 비행기가 이착륙할 수 있는 장소가 필요했습니다. 그래서 바다의 항구처럼 비행기를 위한 '항구', 즉 airport가 만들어진 것입니다.

처음에는 단순히 비행기가 뜨고 내리는 기능만 수행했지만, 시간이 흐를수록 점점 더 많은 사람들이 비행기를 이용하면서 공항은 다양한 편의시설을 갖춘 복합 공간으로 발전했습니다. 오늘날 공항은 단순한 교통 시설을 넘어, 여행객들에게 쇼핑, 식사, 휴식 등 다양한 서비스를 제공하는 공간으로 변모했습니다.

> **Tip**
> 비행기를 뜻하는 말 airplane 역시 비슷한 어원에서 생겨났어요. '대기'를 뜻하는 air와 '평평한'을 뜻하는 라틴어 planus에서 유래한 plane이 합쳐져 만들어진 말입니다.

1. 다음 중 'airport'라는 단어가 만들어진 이유를 바르게 설명한 것은 무엇인가요?

① 공항은 비행기를 고치는 곳이기 때문에 '공기'와 '수리'를 합쳐 만든 말이다.
② 바다의 항구처럼, 비행기가 오고 가는 곳이 필요해서 '공기'와 '항구'를 합쳐 만든 말이다.
③ 하늘을 나는 새를 관찰하던 장소였기 때문에 '공기'와 '관찰소'라는 뜻에서 만들어졌다.
④ 비행기를 처음 만든 사람 이름이 '에어 포터'여서 그의 이름을 따 만든 단어이다.

2. 다음 문장을 읽고 맞으면 O, 틀리면 X 표시해 보세요.

① airport는 '비행기표'라는 뜻에서 유래했으며, 항공권을 뜻하는 단어다. ☐
② 비행기를 타기 위해 가는 장소를 영어로 airport라고 한다. ☐
③ 여행 가기 위해 가족과 함께 공항에 갔다면, 그곳을 airport라고 부를 수 있다. ☐

3. 공항은 비행기를 타는 곳이지만, 여러 가지 의미를 가질 수도 있어요. 공항이 우리에게 어떤 특별한 장소가 될 수 있는지 생각해 보세요.

_____
_____
_____

003 aquarium
수족관

고대 로마 사람들도 수족관을 즐겼다고?

투명한 유리 너머로 다채로운 물고기들이 헤엄치는 아름다운 수족관, 누구나 한 번쯤 감탄하며 구경했을 만한 곳입니다. 이러한 수족관을 영어로는 aquarium이라고 합니다. aquarium은 라틴어 aqua(물)와 접미사 -rium(장소)이 합해져 만들어진 말로, 글자 그대로 풀이하면 '물이 담긴 장소'라는 뜻입니다.

오래전 고대 로마 시대부터 사람들은 큰 항아리에 물을 채우고 그 안에 물고기를 키웠는데, 이렇게 물고기를 넣어 둔 항아리를 aquarium이라고 불렀습니다. 하지만 우리가 흔히 알고 있는 형태의 aquarium은 19세기 중반에 처음 등장했습니다. 1853년, 영국 런던 동물원에서 세계 최초로 aquarium을 개관했고, 사람들은 처음으로 다양한 물고기와 해양 생물을 가까이서 관찰할 수 있었죠. 당시에는 유리로 된 상자에 물고기를 넣어 전시하는 수준이었지만, 이후 기술이 발전하면서 다양한 종류의 물고기와 해양 생물을 전시할 수 있게 되었어요.

이후로 aquarium은 점점 더 발전하고 확장되었습니다. 오늘날에는 단순한 전시 공간을 넘어, 해양 생태계를 보전하고 교육하는 중요한 역할을 하고 있습니다. 많은 aquarium이 해양 생물을 보호하고 연구하며, 사람들에게 해양 환경 보호의 중요성을 알리는 장으로 거듭나고 있습니다.

1. 다음 중 'aquarium'이라는 단어가 만들어진 이유를 바르게 설명한 것은 무엇인가요?

① 고대 로마 신화에서 물의 신 '아쿠아리우스'의 이름을 따서 만든 단어이다.
② '물고기를 관찰하는 상자'라는 뜻의 그리스어에서 유래했다.
③ '물'을 뜻하는 aqua와 '장소'를 뜻하는 -rium이 합쳐져 '물이 담긴 장소'를 의미하게 되었다.
④ 처음 aquarium을 만든 사람 이름이 '리엄 아쿠아'여서 그 이름을 따서 붙여졌다.

2. 아래 단어와 뜻을 잘 읽고, 알맞게 선을 그어 보세요.

aquarium •   　　　　　① '물'과 관련된 장소, 물고기를 전시하거나 기르는 곳
aqua •   　　　　　　② '물'을 뜻하는 라틴어
-rium •   　　　　　　③ '장소'를 의미하는 접미사
aquaculture •   　　　④ 물에서 생물을 기르는 방법, 수경재배

3. aquarium은 물고기를 보기만 하는 곳일까요? aquarium이 우리에게 어떤 역할을 하는지 생각해 보세요.

_____

_____

_____

> **Tip**
> 요즘에는 식물을 땅에서 경작할 뿐만 아니라 물을 이용해서 기르고 있어요. 이를 수경재배라고 하는데 영어로는 aquaculture라고 합니다. '물'을 뜻하는 aqua와 '기르다, 재배하다'를 의미하는 culture가 합쳐져 만들어진 말이에요.

정답 1. ③ 2. ①-②-③-④ 3. (예시) aquarium은 해양 생물들을 보호하고, 사람들이 바다를 더 잘 이해하게 도와줘요.

004 bank 은행

벤치에서 시작된 은행의 역사

흥미롭게도 영어 단어 bank에는 '은행'뿐만 아니라 '강둑'이라는 뜻도 있습니다. 강둑이 물을 막고 땅을 보호하듯, 은행은 돈을 안전하게 보관하고 관리한다는 점에서 비슷한 역할을 하지요. bank는 '테이블' 또는 '긴 의자'를 뜻하는 라틴어 bancus에서 유래한 말입니다.

중세 시대에 상인들은 광장이나 시장에서 자리를 잡고 돈을 환전해 주었어요. 당시에는 금이나 은을 화폐로 사용했기 때문에, 무거운 금화와 은화를 올려놓을 벤치가 필요했습니다. 상인들이 돈을 바꿔주거나  빌려주려고 금화와 은화를 올려놓은 이 벤치를 가리켜 banco라고 불렀습니다. 시간이 지나면서 돈을 거래하는 상인들을 banker, 돈을 거래하는 장소는 bank라고 부르게 되었습니다. bank는 단순히 돈을 교환하는 장소가 아니라, 사람들이 경제 활동을 하는 중요한 장소로 발전했습니다.

15세기 이탈리아의 베네치아와 피렌체 같은 도시는 무역과 상업이 발달하면서 은행업이 크게 성장했습니다. 이탈리아의 은행가들은 돈을 안전하게 보관하고, 필요한 사람들에게 돈을 빌려주거나 환전해 주는 등 다양한 금융 서비스를 제공했습니다. 이러한 이탈리아의 은행 시스템은 유럽 전역으로 확산하여 현대 은행 시스템의 기초가 되었습니다.

1. 다음 중 'bank'라는 단어가 '은행'을 뜻하게 된 과정을 바르게 설명한 것은 무엇인가요?

① 금화와 은화를 올려놓던 벤치에서 유래한 단어로, 돈을 거래하던 상인의 자리에서 시작되었다.
② 중세 상인들이 금화를 담아 두던 가죽 가방 이름이 'bank'였고, 그 이름이 그대로 남았다.
③ bank는 원래 강둑을 뜻하는 단어였고, 이후 사람들이 돈을 숨기던 장소에서 유래되었다.
④ bank는 '돈을 나르는 배'를 뜻하는 고대 영어에서 시작되었고, 이후 항구에서 쓰이던 말이 바뀐 것이다.

2. 다음 중 bank라는 표현이 가장 잘 어울리는 상황은?

① 시장 한쪽에 앉아 돈을 바꾸어 주는 상인이 있다.
② 강가에서 친구들과 물수제비를 하고 논다.
③ 운동장에서 벤치에 앉아 쉬고 있다.
④ 가게에서 물건을 고르고 계산한다.

3. 벤치에서 돈을 바꾸던 모습에서 지금의 은행이 생겼다는 걸 알게 되었어요. 어떤 장소가, 시간이 지나면서 전혀 다른 의미로 바뀐 예를 더 떠올릴 수 있을까요?

_____

_____

> **Tip**
> 환전상이나 대금업자 중에는 자금이 부족해 사업을 그만두는 경우도 있었습니다. 이럴 때는 법에 따라 사용하던 벤치를 부숴야 했습니다. 이탈리아에서는 이렇게 망한 사람을 '부서진 벤치'라는 뜻에서 banca rotta라고 불렀는데, 영어 bankrupt(파산자)와 bankruptcy(파산, 도산)는 바로 여기에서 유래했답니다.

정답 1. ① 2. ① 3. (예시) 시장이 쇼핑몰이 되거나, 우체국이 기차역이 카페로 바뀌는 경우가 있어요.

005 bicycle
자전거

두 개의 바퀴가 만든 역사

'자전거'를 뜻하는 영어 단어 bicycle은 그리스어와 라틴어가 조합되어 만들어진 표현입니다. '둘'을 뜻하는 라틴어 bi-와 '원'이나 '바퀴'를 뜻하는 그리스어 kyklos가 합쳐져 만들어진 bicycle은 '두 개의 바퀴'라는 뜻입니다. 자전거의 구조를 정확하게 나타내는 이름이죠.

그렇다면 이 bicycle은 어떻게 탄생하게 되었을까요? 자전거의 기원은 19세기 초 유럽으로 거슬러 올라갑니다. 독일의 발명가 칼 드라이스Karl Drais 남작이 1817년에 만든 '빨리 걷는 기계'가 최초의 자전거로 알려져 있습니다. 작게 만든 마차 바퀴 두 개를 목재로 연결하고, 사람이 올라타 걷거나 뛰듯이 발로 땅을 번갈아 차면서 앞으로 나아가도록 한 이 장치는 발명가의 이름을 따서 '드라이지네Draisine'라고 불렸습니다. 이후, 기술이 발전하면서 1867년 프랑스의 피에르 미쇼Pierre Michaux가 앞바퀴 회전축에 발판 두 개를 달고 그 발판을 밟아 바퀴를 돌리는 페달식 자전거를 만들어 오늘날 우리가 아는 형태의 자전거로 발전해 왔습니다.

당시 두 개의 바퀴를 의미하는 프랑스어 bicyclette가 자전거를 나타내는 말로 등장했고, 이 말이 영어로 유입되어 bicycle이 되어 전 세계적으로 사용되기 시작했습니다. 자전거는 효율적이고 저렴한 교통수단으로 자리 잡았으며, 많은 사람들에게 자유와 이동의 상징이 되었습니다.

> **Tip**
> 두발자전거 외에 다른 종류의 자전거도 있습니다. 주로 서커스에서 묘기를 부릴 때 사용하는 외발자전거는 unicycle, 동남아시아의 툭툭이처럼 세 개의 바퀴가 달린 자전거는 tricycle이라고 합니다.

1. 다음 중 자전거의 기원과 관련된 내용을 옳게 설명한 것은 무엇인가요?

① 자전거는 고대 그리스에서 처음 발명되었으며, 초기에는 네 바퀴가 달린 형태였다.
② 자전거는 19세기 초 독일의 칼 드라이스 남작이 발명한 '빨리 걷는 기계'에서 시작되었다.
③ 자전거는 17세기 유럽에서 처음 만들어졌으며, 처음에는 페달이 없었다.
④ 자전거의 이름은 프랑스어에서 유래되었으며, 초기에는 세 바퀴가 달린 형태였다.

2. 다음 문장을 읽고 맞으면 O, 틀리면 X 표시해 보세요.

① bicycle은 '두 개의 바퀴'를 뜻하는 말에서 유래했다. ☐
② 자동차는 bicycle에 포함되는 탈것이다. ☐
③ 운동을 겸해 자전거를 타는 사람도 많다. ☐

3. 자전거는 이동을 편리하게 도와주면서 환경과 건강을 지키는 데 중요한 교통수단이에요. 여러분은 자전거를 어떻게 사용하고 싶나요? 자유롭게 적어 보세요.

_____
_____
_____

정답 1. ② 2. ① O, ② X, ③ O 3. (예시) 학교에 자전거를 타고 가면 좋겠어요. 운동도 되고, 환경도 지킬 수 있으니까요!

006 bottoms up
건배

건배의 비밀, 잔 바닥을 확인하라!

글자 그대로 풀이하면 '바닥이 위로 향하게 들다'라는 뜻의 영어 표현 bottoms up은 '건배'라는 의미로 쓰이는 말입니다. 이 표현의 유래를 살펴보면 근대 영국 해군의 입대 문화와 관련이 있습니다.

18세기와 19세기 영국 해군에서는 새로운 병사를 모집하기 위해 다양한 방법을 사용했는데, 그중 하나가 바로 '킹스(퀸스) 실링'이라는 동전을 활용하는 것이었습니다. 보통 일반 병사 하루 일당에 해당하는 값어치를 갖고 있던 이 동전을 받으면 입대 신청을 한 것으로 여겨졌습니다.

당시 신병 모집관들은 입대 인원을 늘리기 위해 온갖 묘수를 짜내고 교묘한 방법까지 동원했습니다. 술집을 찾아가 사람들이 마시는 맥주잔에 몰래 킹스 실링을 떨어뜨린 것이었습니다. 술에 취한 사람들은 술잔 바닥에 동전이 있는 것을 알아차리지 못한 채 술을 마셨습니다. 이유가 어찌 되었든 그들은 동전을 받았으므로 입대 신청을 한 것으로 간주되어, 술에 취한 채 해군으로 끌려갔답니다.

이런 속임수를 막기 위해 술집 주인들은 바닥이 보이는 투명한 술잔을 사용하고, 손님들에게 술을 마시기 전에 바닥에 동전이 있는지 확인하라고 알려주었습니다. 이렇게 바닥을 확인하는 행위가 bottoms up이라는 표현으로 이어져 '건배'를 의미하게 되었습니다. 킹스 실링을 이용한 징집 관습은 1879년에 사라졌지만, 지금도 '입대하다'라는 표현으로는 여전히 take the King(Queen)'s shilling을 쓰고 있답니다.

> **Tip**
> 실제로 건배할 때 영어로는 Cheers!라고 합니다. 다른 나라에서는 어떻게 말할까요? 독일에서는 Prost!, 프랑스에서는 Santé!, 이탈리아에서는 Salute!, 스페인에서는 ¡Salud!라고 외친답니다. 이는 모두 '건강'을 의미합니다.

1.

bottoms up이라는 표현은 어떻게 '건배'라는 뜻이 되었을까요?

① 술을 마실 때 잔을 높이 들면 기분이 좋아지기 때문이다.
② 잔 바닥에 떨어진 동전을 확인하려고 잔을 들어올렸기 때문이다.
③ 잔의 밑부분이 예뻐서 자랑하려는 풍습이 생겼기 때문이다.
④ 친구들끼리 경쟁하듯 한 번에 마시기 위해 시작된 말이다.

2.

아래 단어와 뜻을 잘 읽고, 알맞게 선을 그어 보세요.

bottoms up   •   ① 잔 바닥을 볼 수 있는 맑은 유리잔
킹스 실링(동전) •   ② "건배!" 할 때 잔을 위로 드는 말
투명한 잔   •   ③ 예전에는 이걸 받으면 해군이 되었어요.
해군   •   ④ 바다에서 일하는 나라의 군대

3.

만약 여러분이 술잔에 동전이 들어 있는 줄 모르고 마셨다면 어떻게 느꼈을까요?

• 처음 기분 _____

• 나중에 알게 되었을 때 기분 _____

• 여러분이라면 그런 일이 다시 생기지 않도록 어떻게 했을까요?

_____

_____

007 breakfast
아침 식사

아침의 시작, 단식 깨기!

'아침 식사'를 의미하는 영어 단어 breakfast는 break와 fast라는 두 단어가 합쳐져 만들어진 말입니다. break는 '깨다, 부수다'라는 뜻이고, fast는 '빨리'라는 뜻 외에 '단식'이라는 뜻으로도 쓰입니다. 그러므로 breakfast는 '밤새도록 이어진 단식을 깬다'라는 의미가 있습니다.

옛날에는 하루에 두 끼만 먹는 것이 일반적이었어요. 밤늦게 저녁을 먹고, 다음 날 점심까지 아무것도 먹지 않는 것이 당연했죠. 하지만 시간이 흐르면서 밤새 굶주린 배를 채우기 위해 아침에 식사하는 것이 자연스러워졌고, 이때부터 breakfast라는 말이 생겨났습니다.

나라마다 아침 식사 문화는 다르답니다. 섬나라 영국에서는 '잉글리시 브랙퍼스트 English Breakfast'라고 해서 베이컨, 소시지, 콩, 토마토 등 다양하고 푸짐한 음식을 즐겨 먹어요. 반면 유럽 대륙에서는 아침에 가볍게 먹고, 점심이나 저녁을 잘 차려서 먹는 식사 문화가 발달했습니다. 특히 프랑스나 이탈리아 같은 나라에서는 빵, 페이스  트리, 과일, 커피, 주스 같은 간단한 음식으로 아침을 해결하는 경우가 많아요. 이렇게 유럽 대륙에서 즐겨 먹는 가벼운 아침 식사를 '콘티넨털 브랙퍼스트 Continental Breakfast'라고 부릅니다. 오늘날 콘티넨털 브랙퍼스트는 주로 호텔에서 제공하는 가벼운 아침 식사를 가리킵니다. 여행객들이 간편하게 식사를 해결하고 하루를 시작할 수 있게 준비된 것입니다.

1. 영국의 아침 식사 문화에 대해 설명한 것 중 옳지 않은 것을 고르세요.

① 영국에서는 베이컨, 소시지, 콩, 토마토 등 다양한 음식을 포함하는 '잉글리시 브랙퍼스트'를 즐겨 먹는다.
② 영국의 아침 식사는 간단한 빵과 커피로 이루어져 있다.
③ '잉글리시 브랙퍼스트'는 영국을 대표하는 전통적인 아침 식사다.
④ 영국의 아침은 매우 푸짐하고 다양한 음식을 포함한다.

2. 다음 문장을 읽고 맞으면 O, 틀리면 X 표시해 보세요.

① breakfast는 '잠에서 깬 직후'라는 뜻에서 만들어진 말이다. ☐
② 호텔 조식 뷔페에 빵, 커피, 주스만 있다면 콘티넨털 브랙퍼스트일 수 있다. ☐
③ 여행지에서 아침 식사를 간단하게 해결하고 싶을 땐 콘티넨털 브랙퍼스트가 유용하다. ☐

3. 아침 식사는 하루를 시작하는 데 중요한 역할을 해요. 아침 식사에 어떤 음식을 먹는 걸 좋아하나요? 또, 아침을 먹는 이유는 무엇이라고 생각하나요?

_____

_____

_____

008 classmate
반 친구, 동급생

한솥밥을 먹는 데서 싹트는 우정

'같은 반 친구'를 뜻하는 classmate는 '학급'을 뜻하는 class와 '친구'를 뜻하는 mate가 합해진 말입니다. 오늘날 매우 친숙한 말이지만 그 유래는 오래전으로 거슬러 올라갑니다.

먼저 class는 '함대'나 '군대'를 뜻하는 라틴어 클라시스classis에서 유래했습니다. 클라시스는 기원전 6세기 로마 왕 세르비우스 툴리우스 Servius Tullius가 세금 부과 목적으로 나눈 여섯 계급 중 하나였습니다. 시간이 지나면서 이 말은 군대나 집단을 넘어, 사회 계층을 나타내는 말로 의미가 확장되었습니다. 17세기 들어서는 비슷한 성향과 수준의 교육을 받는 집단을 나타내는 의미로도 쓰이기 시작했고, 오늘날에는 같은 교실에서 함께 공부하는 학생 집단을 의미하게 되었어요.

mate는 고대 영어 gemetta에서 유래했는데, 이는 '함께 먹는 사람'이라는 뜻이었습니다. 중세 시대의 mate는 같은 식탁에서 함께 식사하는 사람으로서 '동료, 벗'을 의미했습니다. 단순히 밥을 함께 먹는 사이를 넘어, 서로 의지하고 깊은 유대감을 나누는 관계를 나타냈습니다. 그러므로 classmate는 단순히 '같은 반 친구'를 의미하는 것이 아니라, 함께 학습하며 시간을 보내고, 지식을 나누는 동료를 뜻합니다. 이 말은 학교라는 작은 사회에서 함께 성장하고 서로에게 영향을 주며 유대감을 형성하는 관계를 나타낸답니다.

> **Tip**
> classmate처럼 '벗'을 의미하는 mate에서 유래한 다른 말들도 있어요. 직장 동료는 workmate, 기숙사 등에서 같은 방을 쓰는 친구는 roommate, 마음이 잘 맞는 친구나 연인은 soul mate라고 한답니다.

1. 다음 중 'classmate'라는 단어의 의미를 가장 잘 설명한 것은 무엇인가요?

① 군대에서 같은 부대에 속한 사람을 뜻하며, 나중에 학생도 포함하게 되었다.
② '교실에서 숙제를 같이 하는 사람'이라는 뜻의 영어 표현에서 나온 말이다.
③ 같은 반에서 공부하면서, 밥도 나눠 먹던 동료를 뜻하는 말에서 유래되었다.
④ 친구를 뜻하는 mate와 계급을 뜻하는 class가 우연히 합쳐진 단어이다.

2. 아래 단어와 뜻을 잘 읽고, 알맞게 선을 그어 보세요.

class · ① '함께 먹는 사람'에서 유래된 단어, 벗이나 동료를 의미
mate · ② 같은 교실에서 함께 공부하며 유대감을 나누는 친구
classmate · ③ 라틴어 '함대, 군대'를 뜻하는 말에서 시작된 단어
gemetta · ④ 고대 영어로 '함께 밥을 먹는 사람'을 뜻하는 말

3. mate는 원래 '밥을 함께 먹던 사람'이라는 뜻이 있었대요. 정말 마음이 잘 맞는 친구나 함께해서 편안한 친구가 있나요? 그 친구와 어떤 순간이 기억에 남는지도 함께 적어 보세요.

_____
_____
_____

009 dinner
식사, 저녁식사, 만찬

dinner가 원래는 아침 식사였다고?

영어 단어 dinner는 식사를 뜻하는데, 식사 중에서도 격식을 갖추어 먹는 만찬 또는 저녁 식사를 의미합니다. 그런데 흥미롭게도 dinner의 어원을 살펴보면 '아침 식사'라는 뜻이었습니다. dinner는 라틴어 disjejunare에서 유래했습니다. '끝내다'를 뜻하는 접두어 dis-와 '금식하다'를 뜻하는 jejunare가 합해져 금식 후 처음 먹는 식사, 즉 아침 식사를 의미했습니다. 이 말이 형태가 바뀌어 disner가 되었고, 중세 프랑스어를 거쳐 영어 dinner가 되었습니다.

중세 시대에도 disner는 하루의 첫 식사를 의미했습니다. 당시 사람들은 아침 일찍 일어나 하루의 첫 끼니를 먹었는데, 이 끼니가 바로 disner였습니다. 시간이 흐르면서 사람들의 생활 방식이 바뀌면서 점점 더 늦은 시간에 dinner를 먹게 되었습니다. 그래서 dinner는 점차 아침 식사에서 정오 무렵의 식사로, 그리고 오늘날의 저녁 식사로 자리 잡게 되었습니다.

dinner가 아침 식사에서 저녁 식사로 의미가 바뀌는 동안, 사람들은 아침 식사를 부를 새로운 단어가 필요했습니다. 그래서 등장한 말이 바로 breakfast입니다. 이 말은 처음 disner가 생길 때처럼 '깨다'를 의미하는 break와 '금식'을 의미하는 fast가 합쳐진 것으로서 '금식을 깨다'라는 뜻입니다. 즉, 저녁 식사 후 이어진 금식을 끝내고 아침에 처음 먹는 끼니를 의미하게 되었습니다.

1. 다음 중 dinner의 어원과 의미 변화에 대한 설명으로 알맞은 것은 무엇인가요?

① dinner는 원래 저녁 식사를 뜻했지만, 고대 로마에서는 술을 마시는 시간으로 사용되었다.

② dinner는 항상 정오에 먹는 식사를 뜻하며, 어원과는 관계가 없다.

③ dinner는 금식을 끝내는 '아침 식사'에서 시작되어 시간이 흐르며 저녁 식사를 뜻하게 되었다.

④ dinner는 dis-와 jus라는 라틴어 어원에서 나왔으며, 재판 중 먹는 식사를 의미했다.

2. 다음 중 dinner라는 표현이 가장 잘 어울리는 상황은?

① 이른 아침에 허겁지겁 과자를 먹고 등교했다.

② 점심시간이 지나자 모두가 간식을 챙겨 먹었다.

③ 누군가가 하루 종일 아무것도 먹지 않고 잠들었다.

④ 한 가족이 하루를 마무리하며 함께 식탁에 둘러앉아 가장 푸짐한 식사를 나눴다.

3. dinner의 의미가 바뀌게 된 이유와, 지금 우리가 사용하는 단어들이 어떻게 달라질 수 있을지 생각해 보세요.

_____
_____
_____

정답 1. ③ 2. ④ 3. (예시) 사람들의 생활 방식이 바뀌면서, 타이밍 좋게 함께 둘러앉을 수 있다는 것이 신기했어요, 지금 우리가 쓰는 단어들도 언젠가는 다른 의미로 바뀌거나, 완전히 새로운 말이 생겨날 수도 있다고 생각하니 말이 많이 살아 있는 것처럼 느껴졌어요.

010 England 영국

앵글족의 나라, 잉글랜드

오늘날 영국을 나타내는 England는 고대 게르만 부족인 앵글Angles족에서 유래했습니다. 이들은 현재의 덴마크와 독일 북부 지역에 살던 사람들로, 5세기경 로마 제국이 쇠퇴하면서 브리튼 섬으로 이주해 켈트족을 몰아내고 그곳에 정착했습니다. 로마 시대에만 해도 브리타니아로 불리던 그곳은 앵글족이 브리튼 섬 중앙부에 정착한 이후에는 그들의 이름을 따서 '앵글족의 땅'이라는 의미로, Ængla land라 불리기 시작했습니다. 시간이 지나면서 Ængla land는 형태가 바뀌어 현재의 England가 되었습니다.

그런데 흥미롭게도 '앵글족'은 '구석'이나 '모서리'라는 뜻의 라틴어 angulus에서 유래한 이름이었습니다. 아마도 앵글족이 살던 지역이 북해와 발트해 사이의 구석진 지역이었고, 로마에서 멀리 떨어졌기 때문에 그런 이름이 붙었을 것입니다.

잉글랜드는 로마 제국의 지배를 받던 시기를 거쳐, 앵글로·색슨족, 바이킹족, 노르만족 등 다양한 민족이 차례로 지배하며 영국 문화를 만들어 갔습니다. 중세 시대에는 강력한 왕권을 바탕으로 번영을 누렸고, 대항해 시대에는 세계를 호령하는 해양 강국으로 성장했습니다. 산업혁명을 통해 세계 최초의 산업 국가가 되었으며, 두 차례의 세계대전을 거치면서 강대국으로서의 위상을 잃고 공화국 연방으로 변모했습니다.

> **Tip**
> 사실 '영국'을 나타내는 정확한 명칭은 England가 아니라 United Kingdom입니다. 현재의 영국은 잉글랜드, 스코틀랜드Scotland, 웨일스Wales로 이루어진 그레이트브리튼Great Britain과 북아일랜드Northern Ireland로 구성되어 있습니다. 따라서 잉글랜드는 영국을 구성하는 지역 중 하나입니다.

1. 다음 중 'England'라는 단어의 기원과 의미 변화 과정을 가장 잘 설명한 것은 무엇인가요?

① 고대 로마 제국이 정한 이름으로, '브리타니아'가 그대로 유지되었다.
② '섬나라'라는 뜻의 켈트어에서 유래되었으며, 바이킹이 명칭을 바꾸었다.
③ '앵글족의 땅'이라는 의미의 Ængla land에서 유래되었으며, 앵글족은 구석진 지역에서 온 부족이었다.
④ 산업혁명과 세계대전을 거치며 이름이 바뀌었고, 현재는 라틴어 angulus를 그대로 사용한다.

2. 다음 중 England라는 단어와 가장 잘 어울리는 상황은?

① 친구와 함께 피아노 연습을 하며 협연 곡을 맞췄다.
② 축구 중계를 보며 해설자가 "잉글랜드가 결승에 진출했습니다!"라고 외쳤다.
③ 마트에서 사과와 귤을 고르며 가격을 비교했다.
④ 가족과 함께 동네 산책길을 걸으며 봄꽃을 감상했다.

3. 잉글랜드는 축구, 해리 포터, 빨간 버스처럼 유명한 것이 많은 곳이에요.

• 가보고 싶은 장소 또는 하고 싶은 활동은 무엇인가요?

• 그 이유는?

정답 1. ③ 2. ② 3. (예시) 런던의 타워브리지를 구경하고 싶어요. / 예시적인 건축물이 있고, 런던특유의 사진과 찍고 싶어요!

011 family
가족

한 지붕 아래서는
모두가 familiy

흔히 '가족'이라는 말을 들으면 따뜻하고 정겨운 느낌이 듭니다. 서로 돌보고 사랑하며 든든한 울타리가 되어 주기 때문이죠. 하지만 '가족'을 나타내는 영어 단어 family의 어원을 따라가 보면, 그 의미가 지금과는 조금 달랐습니다.

family는 라틴어 familia에서 유래했습니다. familia는 '하인, 노예'를 뜻하는 famulus에서 파생된 말입니다. 따라서 familia는 가족만이 아니라, 한 집에서 함께 생활하는 모든 사람을 지칭하는 말이었습니다. 여기에는 주인의 식구뿐만 아니라 그 집안의 노예나 하인들까지도 포함되었습니다. 즉, 혈연관계로 이루어진 가족이라는 의미보다는 한 집안에서 함께 일하고 살아가는 사람들의 공동체라는 의미가 강했습니다.

시간이 지나면서, family는 점차 혈연관계나 혼인으로 맺어진 사람들, 즉 오늘날 '가족'이라고 부르는 개념으로 의미가 바뀌었습니다. 중세 영어에서는 family가 이미 현대적인 의미로 자리 잡았으며, 집안의 구성원, 부모와 자녀 등 가까운 사람들을 가리키는 말이 되었습니다.

1. 'family'라는 단어의 어원과 의미 변화에 대해 가장 적절하게 설명한 것은 무엇인가요?

① family는 '피를 나눈 사람들'을 뜻하는 고대 영어에서 유래되었으며, 처음부터 현재와 같은 의미로 사용되었다.
② family는 라틴어 familia에서 유래되었으며, 원래는 한 집안에서 함께 사는 사람들, 즉 주인과 하인 전체를 포함하는 말이었다.
③ family는 중세 유럽에서 왕족만 사용하던 단어였고, 평민에게는 사용이 금지되었다.
④ family는 '사랑'이라는 뜻의 라틴어 amor에서 유래했으며, 애정을 중심으로 구성된 관계를 의미했다.

2. 다음 문장을 읽고 맞으면 ○, 틀리면 × 표시해 보세요.

① family는 처음부터 '부모와 자녀로 이루어진 집단'을 뜻했다. ☐
② '한 집에 함께 사는 사람들 전체'를 family로 부를 수도 있다. ☐
③ 엄마, 아빠, 동생과 함께 밥을 먹고 생활하는 우리 가족은 영어로 family라고 할 수 있다. ☐

3. 지금 여러분의 '상상 속 가족'을 만들어 본다면 어떤 모습일까요?

• 가족 이름 _____

• 이 가족은 어떤 사람들이 함께 살고 있나요? _____
_____

• 이 가족의 특별한 규칙이나 특징이 있다면? _____
_____

012 **gym**
체육관, 운동

체육관의 기원이 벌거숭이였다고?

gym은 오늘날 친숙하게 이용하는 '체육관'을 의미하지만, 그 어원은 무척 오래되어 고대 그리스어 짐나지온gymnasion에서 유래했습니다. 운동하고 교육받는 공간을 의미한 gymnasion은 '벌거벗다'라는 뜻의 짐노스gymnos에서 나온 말입니다.

고대 그리스에서는 벌거벗고 운동하는 것이 일반적이었습니다. 옷을 벗고 운동하면 몸을 더 자유롭게 움직일 수 있고, 건강해진다고 생각했기 때문이죠. 그리스의 모든 공동체에는 짐나지온이 있었는데, 젊은이들은 이곳에서 운동하며 건강한 체력을 기르고, 철학자들에게서 지혜를 배우며 정신을 수련했습니다. 그래서 짐나지온은 단순히 운동을 넘어 교육과 문화의 중심지 역할을 했습니다. 오늘날의 체육관보다 더 복합적인 교육 기관이었던 셈이죠.

시간이 흐르면서 짐나지온은 다양한 모습으로 변화했습니다. 로마 시대에는 짐나지움gymnasium으로 불리면서 목욕탕, 도서관, 회의실 등 다양한 시설을 갖추게 되었습니다. 중세 시대에는 라틴어와 비슷한 의미의 독일어 김나지움이라는 이름으로 체육과 학문을 가르치는 학교가 생겨났는데, 오늘날의 고등학교와 비슷한 개념이었습니다. 이 말은 영어에도 들어와 gym으로 형태가 줄어들었는데, 의미도 축소되어 운동하는 곳, 즉 '체육관'으로만 쓰입니다.

1. 다음 중 'gym'이라는 단어의 어원과 의미 변화 과정을 가장 잘 설명한 것은 무엇인가요?

① 처음부터 스포츠 경기장을 뜻했으며, 영어권에서만 쓰이는 단어였다.
② '운동화'와 관련된 라틴어에서 유래했으며, 신체 활동과만 관련이 있다.
③ 독일어로 '뛰다'는 뜻에서 유래했으며, 중세 이후에만 쓰이기 시작했다.
④ '벌거벗다'는 뜻의 그리스어에서 유래했으며, 고대에는 운동과 교육을 함께 하던 장소였다.

2. 아래 단어와 뜻을 잘 읽고, 알맞게 선을 그어 보세요.

gymnasion • ① '벌거벗은'이라는 뜻의 고대 그리스어
gymnos • ② 목욕탕, 도서관, 회의실까지 있었던 복합 공간
gym(오늘날 의미) • ③ 고대 그리스의 운동과 교육을 함께한 장소
gymnasium(로마 시대) • ④ 운동을 위한 현대식 체육관

3. 예전에는 gym이 운동과 교육을 함께하던 곳이었어요. 그렇다면, 미래의 gym은 어떤 모습일지 상상해 볼까요?

• 미래의 gym 모습은? _____

• 왜 그렇게 생각했나요? _____

정답: 1. ④ 2. ③-①-④-② 3. (예시) 가상현실에서 운동도 하고 공부도 할 수 있는 공간 / 요즘도 VR 기술이 발달해서 실제로 운동하지 않고도 운동과 교육을 동시에 할 수 있기 때문이다.

013 hobby 취미

작은 말에서 시작된 큰 행복, hobby의 탄생 비화

hobby는 우리가 흔히 즐기는 '취미'라는 뜻이지만, 그 어원은 중세 영어로 거슬러 올라가 hobby-horse에서 유래했습니다.

중세 시대에는 아이들이 hobby-horse라고 불리는 장난감을 타고 놀았습니다. 긴 막대 끝에 말 머리가 달려 있어 말을 타는 시늉을 하며 놀았던 것이죠. 원래는 '작은 말' 또는 '어린 말'을 뜻하던 hobby가 아이들의 장난감 목마를 나타내는 hobby-horse로 발전한 것입니다. 17세기에 들어서면서, hobby-horse는 점차 사람들이 일상적으로 시간을 보내는 즐거운 활동이나 놀이를 의미하게 되었고, 이후 horse는 생략하고 hobby라고 부르기 시작했습니다.

그렇다면, 왜 hobby가 오늘날 우리가 알고 있는 취미를 뜻하게 되었을까요? 그것은 아마도 사람들이 즐거움을 위해 반복적으로 하는 활동이 마치 아이들이 목마를 타고 즐거워하는 모습과 비슷하다고 생각했기 때문일 거예요. 마치 아이들이 목마를 타는 것을 좋아하듯이 사람들도 자신이 좋아하는 일을 반복하면서 즐거움을 느끼는 것이죠.

오늘날 hobby는 단순히 시간을 보내는 정도를 넘어, 사람들이 자신의 개성을 표현하고 삶의 만족도를 높이는 중요한 활동이 되었습니다. 그림 그리기, 음악 연주, 요리, 여행, 정원 가꾸기 등 다양한 종류의 취미가 생겨났고, 사람들은 자신만의 취미 활동을 하며 행복을 느낍니다.

1. 다음 중 'hobby'라는 단어가 지금의 의미로 발전해 온 과정을 가장 잘 설명한 것은 무엇인가요?

① 말을 기르는 사람을 뜻하는 라틴어에서 유래되어, 목장과 관련된 단어였다.
② 원래는 운동 경기를 가리키는 말이었으나, 점차 음악이나 미술 활동으로 의미가 바뀌었다.
③ 아이들이 타고 놀던 목마(hobby-horse)에서 유래되었고, 즐거움을 주는 활동으로 의미가 확장되었다.
④ 중세 귀족의 여가 시간을 나타내는 말에서 유래했으며, 귀족 계급만의 오락 활동이었다.

2. 다음 중 hobby라는 표현이 가장 잘 어울리는 상황은?

① 아이가 막대기에 말 머리가 달린 장난감을 타고 놀고 있다.
② 아침에 일어나 세수를 하고 학교에 간다.
③ 친구가 새로 산 신발을 자랑한다.
④ 한 사람이 매일 똑같은 옷을 입고 출근한다.

3. 여러분은 어떤 취미를 갖고 있나요? 그리고 왜 그 취미가 좋다고 느끼나요?

- 나의 취미는? _____
- 그 이유는? _____

_____
_____

정답 1. ③ 2. ① 3. (예시) 음식하기 / 내가 만든 음식을 가족이 맛있게 먹을 때 기분이 좋아요!

014 **hospital**
병원

여관에서 병원으로, hospital의 변신은 무죄

hospital은 '병원'이라는 뜻이지만, 이 말의 유래는 전혀 다른 곳에서 시작되었습니다. 옛날에는 hospital이 아픈 사람들을 치료하는 공간이 아니라, 여행자나 순례자가 쉬어가던 곳이었습니다. hospital은 '손님' 또는 '나그네'를 의미하는 라틴어 hospes에서 유래한 말입니다.

고대 로마 시대에는 여행자가 잠시 쉬어갈 수 있는 작은 숙소들이 있었는데, 이곳을 hospitale라고 불렀습니다. 중세 유럽에서는 교회와 수도원이 비슷한 숙소를 운영하며 오늘날 호텔이나 호스텔처럼 여행자들에게 숙식을 제공했습니다. '환대'를 뜻하는 hospitality도 여기에서 유래한 말입니다. 시간이 지나면서 hospitale는 몸이 불편한 사람들을 돌보기 시작하며 점차 병원의 역할을 하게 되었습니다. 특히 십자군 전쟁 이후 다친 병사들이 많아지면서 hospitale는 부상자들을 치료하는 곳으로 활용됩니다.

hospitale는 고대 프랑스어를 거쳐 영어로 들어와 hospital로 바뀌었습니다. 1400년대 초부터는 '가난한 사람들을 돌보는 보호 시설'이라는 뜻으로 쓰이다가, 1540년대 이후에는 '병들거나 다친 사람들을 위한 치료 기관'으로 그 의미가 확장되었습니다. 근대에 들어서는 해부학과 생물학이 발전하면서 병원은 단순히 환자를 돌보는 공간을 넘어, 의학 연구와 교육의 중심지로 발전했습니다.

1. 다음 중 'hospital'이라는 단어의 의미가 변화해 온 과정을 가장 잘 설명한 것은 무엇인가요?

① 고대 프랑스의 의사가 처음 만든 말로, 치료 시설만을 뜻했다.
② '몸을 고치다'라는 뜻의 라틴어에서 유래했으며, 처음부터 병원이었다.
③ 중세 유럽의 궁전에서 사용된 말로, 왕족 전용 숙소를 뜻했다.
④ '손님, 나그네'를 뜻하는 말에서 출발해, 여행자를 위한 쉼터로 시작된 후 아픈 사람을 돌보는 공간으로 발전했다.

2. 다음 문장을 읽고 맞으면 ○, 틀리면 × 표시해 보세요.

① hospital은 처음부터 환자를 치료하는 곳을 의미했다. ☐
② 여행 중 아프면 가까운 hospital을 찾는 것이 좋다. ☐
③ 친구가 다쳐서 구급차를 불렀다면 그 친구는 hospital로 옮겨질 수 있다. ☐

3. hospital은 원래 '여관'처럼 쓰였지만 지금은 '병원'이라는 뜻이에요. 일상에서 쓰는 단어 중 하나가 나중에 뜻이 바뀐다면 어떤 게 있을 것 같나요?

- 단어 _____
- 바뀐 뜻은? _____
- 왜 그렇게 생각했나요? _____
_____

> **Tip**
> hospitale가 병원으로 발전하는 데에는 십자군 전쟁 당시 활약한 구호기사단의 역할이 컸습니다. 구호기사단은 12세기 초에 설립된 그리스도교 기사단으로, 정식 명칭은 예루살렘의 성 요한의 구호 형제회였습니다. 원래는 성지에서 순례자를 보호하고 구호 활동을 하기 위해 만들어졌는데, 이 기사단에 속한 수도사들을 구호사Hospitaller라고 불렀습니다.

정답: 1. ④ 2. ①×, ②○, ③○ 3. (예시) 드론(drone) / 하늘을 나는 '안경' 정도? / 드론 기술이 발전해서 도시 안전망을 지키는 장비에 쓰일 것 같아서!

015 **malaria**
말라리아

늪지대의 저주, 말라리아의 진실

말라리아는 모기에게 물려 걸리는 무서운 질병입니다. 오한이 나고 고열에 시달리다가 심하면 목숨을 잃을 수도 있습니다. 주로 덥고 습한 열대 지방에서 많이 발생하는데, 옛날 사람들은 말라리아가 왜 생기는지 정확한 원인을 몰랐습니다. 말라리아를 나타내는 영어 단어 malaria는 mal과 aria가 합쳐진 이탈리아어 malaria에서 유래했습니다. mal은 '나쁘다'라는 뜻이고, aria는 '공기'라는 뜻입니다. 그러므로 malaria는 '나쁜 공기'라는 의미입니다.

18세기 이탈리아 사람들은 늪지대나 물이 고여 있는 곳에서 올라오는 나쁜 냄새가 나는 공기를 마시면 병에 걸린다고 생각했습니다. 그래서 이렇게 안 좋은 공기를 '나쁜 공기' 즉 mal aria라고 불렀는데, 그것이 그대로 질병을 가리키는 말로 굳어졌습니다. 실제로, 늪지대는 모기가 번식하기 좋은 환경이었고, 이에 따라 말라리아 환자가 많이 발생했지만, 당시 사람들은 모기 때문에 병에 걸린다는 사실을 몰랐습니다.

그런데 19세기 말에 프랑스의 의사 알퐁스 라베랑Alphonse Laveran이 말라리아를 일으키는 작은 기생충을 발견했습니다. 그 덕분에 말라리아가 모기에게 물려 감염된다는 사실을 알게 되었습니다. 하지만 이미 말라리아라는 이름이 널리 알려져 있었기 때문에, 병의 원인이 밝혀진 후에도 이 명칭은 그대로 사용되었습니다.

1.

다음 중 'malaria'라는 단어와 그 의미가 변화해 온 과정을 가장 잘 설명한 것은 무엇인가요?

① '모기'라는 단어에서 유래했으며, 모기를 퇴치하는 방법에서 시작되었다.
② 원래 '뜨거운 바람'이라는 뜻이었지만, 병의 무서움을 강조하기 위해 바뀌었다.
③ '나쁜 공기'라는 뜻에서 시작되었고, 나중에 실제 원인이 모기임이 밝혀졌다.
④ '죽음의 병'이라는 뜻의 라틴어에서 유래했고, 고대부터 모기와 연결되어 있었다.

2.

아래 단어와 뜻을 잘 읽고, 알맞게 선을 그어 보세요.

mal	•	① 말라리아의 원인이 기생충임을 밝혀낸 프랑스 의사
aria	•	② 늪지대의 공기 때문에 병이 생긴다고 생각함
malaria(과거 믿음)	•	③ '나쁜'이라는 뜻의 어근
알퐁스 라베랑	•	④ '공기'라는 뜻의 이탈리아어

3.

예전 사람들은 말라리아가 나쁜 공기 때문이라고 생각했어요. 예전에는 잘못 알고 있었다가 나중에 "아, 그게 아니었구나!" 하고 놀란 적이 있나요?

• 내가 잘못 알았던 것은? _____

• 나중에 알게 된 진실은? _____

_____

_____

016 pants
팬티, 바지

바지가 코미디에서 시작된 패션이라고?

우리가 흔히 입는 '바지'를 뜻하는 영어 단어 pants는 옛날 이탈리아에서 웃긴 연극을 할 때 입던 옷에서 유래했습니다.

16세기에서 18세기 중반까지 유럽 전역에서 인기를 끈 웃긴 연극이 있었는데, 그것은 이탈리아의 코메디아 델라르테Commedia dell'arte라는 즉흥 연극이었습니다. 이 연극에는 판탈로네Pantalone라는 인물이 나옵니다. 판탈로네는 욕심 많고 교활한 노인으로, 못된 짓을 꾸미지만 오히려 거꾸로 속아서 망신을 당하는 전형적인 코믹 캐릭터였습니다. 항상 챙이 없는 부드러운 모자, 길고 주름진 검정 외투, 슬리퍼, 몸에 꽉 끼는 빨간 조끼, 허리까지 올라오는 딱 달라붙는 바지를 입고 나왔습니다. 그러자 사람들은 딱 달라붙는 바지를 가리켜 그의 이름을 따서 판탈로네 pantalone라고 불렀습니다.

이후, 영국에서 복고풍이 유행하며 통이 좁은 긴 바지가 등장하자 사람들은 이것을 pantaloon이라 부르기 시작했습니다. 유행은 점차 바뀌었지만, pantaloon은 다양한 종류의 바지를 지칭하는 데 계속 사용되었습니다. 19세기 초 미국에서는 pantaloon을 팬츠pants로 줄여 불렀고, 바지를 지칭하는 말로 썼습니다. 그 영향으로 영국에서 pants는 속옷을, 미국에서는 바지를 의미하게 되었습니다.

1. 'pants'라는 단어가 생겨난 이야기와 현재 의미의 차이를 가장 잘 설명한 것은?

① 연극 캐릭터의 이름에서 유래한 말로, 지금은 나라에 따라 의미가 다르게 쓰인다.
② 'pants'는 원래 노동자들이 입는 옷에서 유래했고, 지금은 잠옷을 뜻한다.
③ 바지는 원래는 속옷이었고, 점차 일상복이 되었다.
④ 'pants'는 과거 여성들만 입던 옷에서 시작되어, 지금은 남성용으로만 쓰인다.

2. 다음 중 pants라는 단어와 가장 잘 어울리는 상황은?

① 사람들이 모자에 깃털을 꽂고 무도회에 참석했다.
② 고대 로마인들이 토가를 입고 공화정에 대해 토론했다.
③ 익살극 배우가 몸에 꼭 맞는 바지를 입고 무대에서 우스꽝스러운 행동을 했다.
④ 한 상인이 털가죽 외투를 팔기 위해 시장에 나왔다.

3. 판탈로네는 독특한 바지 덕분에 이름이 단어가 되었어요. 여러분이라면 어떤 캐릭터와 의상을 만들고, 그 캐릭터의 이름은 무엇으로 지을래요?

- 캐릭터 이름 _____

- 의상 설명 _____

- 어떤 이야기 속 인물인가요? _____

_____

_____

> **Tip**
> 우리말과 달리 영어에는 바지를 나타내는 표현들이 다양합니다. 정장 스타일의 바지는 trousers, 정장 바지와 비슷하지만 좀 더 캐주얼한 바지는 slacks, 청바지는 jeans, 반바지는 shorts, 몸에 밀착되는 요가복이나 운동복은 leggings라고 합니다.

정답 1. ① 2. ③ 3. (예시) 이름: 마링개비 / 사탕가게의 요정인 민들레 솜털처럼 하얀 옷에 반짝이는 은구슬, 탄생비화 요정 동화로 / 빼트리게 들리는 잘 좋아해서 동화 속 사탕을 잡는 주근깨

017 **passport**
여권

중세 귀족의 통행증에서
국제 신분증으로

우리가 해외여행을 떠날 때 꼭 챙겨야 하는 필수품 '여권'을 뜻하는 영어 단어 passport의 기원은 생각보다 오래되었습니다.

중세 시대 유럽에서는 귀족이나 특권층이 도시나 영토를 넘어 다른 곳으로 이동하려면 왕이 발급해 주는 특별한 허가증이 필요했습니다. 이 허가증이 바로 passport였는데, 이것을 가지고 있어야 안전하게 여행할 수 있었습니다. 그런데 왜 passport라고 불렀을까요? passport는 프랑스어로 passer와 port가 합쳐져 만들어진 말입니다. passer는 '지나가다'라는 뜻이고, port는 '항구'라는 뜻이므로, passport의 원래 의미는 '항구를 지나가다'라는 뜻이었습니다. 왜 하필 '항구'였을까요? 중세 시대에는 다른 나라로 이동하려면 배를 타고 항구를 이용해야 했으므로 항구는 오늘날의 공항과 같은 역할을 했습니다. 항구를 안전하게 통과하려면 passport가 꼭 필요했습니다.

시간이 흐르면서 passport는 귀족이나 특권층뿐만 아니라 일반 시민들에게도 발급되기 시작했고, 해외여행이 활발해지면서 그 중요성은 더욱 커졌습니다. 초기에는 사람들이 육로나 항구를 통해 다른 지역으로 이동할 때 필요한 허가증으로 시작되었지만, 오늘날에는 단순한 허가증을 넘어 국제적으로 인정받는 신분증명서로 발전했습니다.

1. 'passport'라는 단어는 어떻게 생겨났으며, 현재는 어떤 의미로 사용되고 있나요?

① 처음에는 입국 거부 증명서였고, 지금은 여행용 캐리어를 뜻하게 되었다.
② 항구를 지나가는 허가증에서 시작되어, 오늘날에는 국제 여행을 위한 신분증으로 쓰인다.
③ 공항에서 짐을 맡기는 서류였으며, 이후 배 안 식사권으로 바뀌었다.
④ 중세 유럽의 상인들이 만든 개인 우편증에서 유래되었고, 지금은 통관용 스티커를 뜻한다.

2. 다음 문장을 읽고 맞으면 O, 틀리면 X 표시해 보세요.

① passport는 원래 '항구를 지나가는 허가증'에서 유래한 단어. ☐
② 친구 집에 놀러 갈 때도 passport를 챙겨야 한다. ☐
③ 해외공항에서 출입국 심사를 받을 때 passport를 제시해야 한다. ☐

3. 옛날엔 귀족만 가질 수 있었던 passport, 지금은 모두의 것이 되었어요. 여러분만의 '상상 속 여권'이 있다면 어떤 모습일까요? 어디를 가고, 어떤 능력이 있나요?

- 여권 이름 _____

- 어떤 특별한 기능이 있나요? _____

_____

- 이 여권으로 어디를 가보고 싶나요? _____

_____

정답 1. ② 2. ① O, ② X, ③ O 3. (예시) 우주 여행 여권 / 무중력 상태 등 외계인 친구와 이야기 나누기 / 토성의 얼음 고리 사이에서 아이스크림 먹기

018 **sandwich**
샌드위치

샌드위치가 도박 중독자의 이름이었다고?

간편하게 싸서 다니며 먹기에 편리해 도시락으로 인기 있는 샌드위치sandwich는 빵 사이에 다양한 재료를 넣어 먹는 음식입니다. 그런데 흥미롭게도 sandwich라는 명칭이 사람의 이름에서 유래했다는 사실을 알고 있나요?

사실 빵 사이에 고기나 다른 재료를 넣어 먹는 방식은 오래전부터 있었습니다. 고대 로마 시대에도 빵 사이에 고기나 채소를 넣어 먹는 음식이 있었고, 중세 유럽에서도 순례자들이 간편하게 먹을 수 있도록 빵에 식재료를 넣어 먹는 경우가 많았습니다. 하지만 이러한 음식에 샌드위치라는 명칭이 널리 사용되기 시작한 것은 18세기 영국의 귀족 존 몬터규 샌드위치John Montagu Sandwich 백작 덕분이었습니다.

도박을 매우 좋아했던 샌드위치 백작은 게임 도중 식사를 하느라 중단되는 것을 몹시 싫어했습니다. 그래서 게임을 계속 즐기며 식사를 해결할 수 있는 방법을 찾고 있었습니다. 어느 날, 백작은 한 손으로도 간편하게 먹을 수 있도록 빵 조각 사이에 고기를 넣어 달라고 종업원에게 요청했어요. 이 간편한 음식은 게임을 중단하지 않고 계속 집중할 수 있게 해주었으므로 주변 사람들의 관심을 끌었습니다. 백작이 먹는 것과 똑같은 음식을 달라고 주문하는 사람이 늘자, 이 새로운 음식은 백작의 이름을 따서 '샌드위치'라고 불리게 되었습니다. 이후, 영국의 클럽샌드위치, 미국의 햄버거, 프랑스의 크로크무슈 등으로 발전했습니다.

1. 'sandwich'라는 단어가 어떻게 생겨났는지, 그리고 어떤 사람이 관련되어 있는지 가장 잘 설명한 것은?

① 고대 로마에서 처음 발명된 음식 이름이 그대로 남은 것이다.
② 영국의 한 귀족이 손으로 먹기 편한 음식을 원해 만들어진 음식이며, 그의 이름이 그대로 붙었다.
③ 프랑스 요리사가 만든 샌드위치라는 요리 책 제목에서 유래했다.
④ 샌드위치는 미국 전쟁 중 군인들이 먹던 전투식량에서 시작된 이름이다.

2. 아래 단어와 뜻을 잘 읽고, 알맞게 선을 그어 보세요.

John Montagu(백작) •   •① 빵 사이에 고기나 채소 등을 넣어 먹는 음식 형태
sandwich(음식의 형태) • •② 고대에도 간편식을 위해 비슷한 형태로 먹었다.
sandwich(어원 의미) •   •③ 게임 중 식사 시간 없이 먹으려 했던 인물
로마 시대 음식 •   •④ 귀족의 이름이 음식의 명칭이 된 사례

3. 샌드위치 백작처럼 나만의 특별한 샌드위치를 만든다면 어떤 모습일까? 이 샌드위치에 이름도 붙여 보고, 재료와 이유도 적어보세요.

• 샌드위치 이름 _____

• 어떤 재료로 만들어요? _____

• 이유는 무엇인가요? _____

_____

_____

019 school
학교

학교가 원래는 노는 곳이었다고?

'학교'를 의미하는 영어 단어 school은 의외로 '여가' 또는 '휴식'을 의미하는 그리스어 스콜레skholē에서 유래했습니다. 고대 그리스에서 여가는 단순히 쉬는 시간이 아니라 마음의 여유를 가지고 학문을 탐구하는 시간을 의미했습니다. 그래서 철학자들이 모여 함께 학문을 연구하고 토론하는 공간이었던 스콜레는 자연스레 '학교'의 역할을 하게 되었습니다. 스콜레에서는 주로 철학, 수사학, 수학 등을 가르쳤으며, 소수의 특권층만이 교육을 받을 수 있었습니다.

이러한 개념은 로마 제국을 거쳐 중세 유럽에도 이어졌습니다. 주로 성경과 라틴어를 가르쳤던 수도원은 교육의 중심지가 되어 종교적인 학문뿐만 아니라 다양한 분야의 지식을 탐구했습니다. 라틴어 스콜라schola는 단순히 학습 장소가 아닌, 교양과 지식을 추구하는 공동체를 의미하는 말로 사용되었습니다. 이 말은 이후 영어로 전파되어 school이 되었습니다.

근대에 들어서면서 학교의 개념은 더욱 확장되었습니다. 루터의 종교 개혁 이후, 모든 사람에게 읽고 쓰는 능력을 길러주어야 한다는 인식이 확산하면서 공교육 시스템이 구축되기 시작했습니다. 산업혁명 이후에는 기술 발전에 따라 교육 내용이 다양해졌습니다. 이에 따라 학교는 단순히 지식을 전달하는 공간을 넘어 사회 구성원을 양성하는 중요한 기관이 되었습니다.

> **Tip**
> 친구들과 함께 배우고 생활하는 학교 안에는 다양한 공간이 있어요. 선생님께 배우며 공부하는 classroom(교실)부터, 책을 읽는 library(도서관), 실험하는 science lab(과학 실험실), 운동하는 gym(체육관), auditorium(강당)과 playground(운동장), cafeteria(급식실)까지 여러 곳이 있죠. 또한 모두가 함께 사용하는 hallway(복도)와 bathroom(화장실) 등도 있답니다.

1. 'school'이라는 단어는 원래 어떤 뜻의 단어에서 유래되었고, 시간이 지나며 어떤 의미로 발전했나요?

① 고대 전쟁터에서 병사들을 훈련시키던 장소에서 유래되었고, 후에 교육기관으로 바뀌었다.
② 공부하라는 뜻의 명령어에서 파생된 말로, 지시를 따르라는 의미였다.
③ '여가'라는 뜻의 그리스어에서 유래해, 지적인 활동이 이뤄지던 장소로 변화했다.
④ 교회를 뜻하는 말에서 시작되어 종교 교육을 지칭하던 용어로만 쓰였다.

2. 다음 중 school이라는 단어와 가장 잘 어울리는 상황은?

① 친구 집에 모여 게임을 하며 늦게까지 놀았다.
② 여러 학생이 교실에 모여 함께 배우고 생각을 나누는 시간을 가졌다.
③ 동물원에 가서 기린과 코끼리를 관찰했다.
④ 텔레비전에서 만화영화를 보고 크게 웃었다.

3. 고대 그리스의 '스콜레'는 여가 시간에 즐기는 배움의 공간이었어요. 어떤 '즐거운 학교'를 만들고 싶나요? 상상해 보세요.

- 학교 이름 _____

- 무엇을 배우나요? _____

- 왜 이런 학교를 만들고 싶나요? _____

_____

_____

020 study
공부하다, 연구하다, 학습, 학문

중세 학자들의 열정이 깃든 말, study

'공부하다'를 뜻하는 영어 단어 study는 단순한 학습 행위를 넘어, 깊은 탐구와 열정을 의미하는 오래된 역사가 숨어 있습니다. study는 '열정, 열의'를 의미하는 라틴어 studium에서 유래했습니다.

중세 시대의 학자들은 지식에 대한 열정을 가지고 끊임없이 탐구와 연구를 이어갔고, 고대 라틴어 studium은 studiare로 형태가 바뀌었습니다. 라틴어 studiare는 고대 프랑스어 estudier로 변형되면서 '공부하다' 또는 '연구하다'라는 의미를 띠게 됩니다. 결국 이 말이 영어로 들어오면서 study로 정착되었습니다. 이 말은 단순히 학습 활동을 넘어서, 무언가를 깊이 탐구하거나 몰입하는 행위를 포괄하게 됩니다.

study는 단순히 책상에 앉아 책을 읽는 행위를 넘어 지식에 대한 호기심과 열정으로 어떤 주제에 대해 깊이 있게 파고드는 행위를 의미합니다. 이는 단순히 외부에서 주어진 과제를 수행하는 것이 아니라, 자기 내면에 있는 지적 욕구를 충족시키기 위한 자발적인 노력을 의미합니다. study의 어원을 살펴보면 공부는 단순한 의무가 아니라 자신의 잠재력을 발휘하고 세상을 이해하기 위한 즐거운 과정이라는 것을 알 수 있습니다.

> **Tip**
> 오늘날 학생들이 공부해야 할 과목에는 무엇이 있을까요? 학교에서 가르치는 주요 과목으로는 math(수학), science(과학), history(역사), geography(지리), English(영어) 같은 것이 있고, art(미술), music(음악), physical education(체육), moral education(도덕)도 있어요.

1. 'study'라는 단어는 어떤 의미에서 유래되었으며, 지금은 어떤 뜻으로 사용되나요?

① 중세 수도원의 법률 조항에서 유래해, 지켜야 하는 규칙을 의미한다.
② '열의, 열정'을 뜻하는 라틴어에서 유래해, 깊이 있는 학문과 탐구를 의미하게 되었다.
③ 전쟁 훈련소에서 시작되어, 군사 훈련을 의미했다가 바뀌었다.
④ 왕의 명령을 받아 외우는 암기 활동에서 유래했다.

2. 다음 문장을 읽고 맞으면 O, 틀리면 X 표시해 보세요.

① study는 원래 '의무적 과제'를 의미하는 라틴어에서 유래한 말이다. ☐
② 시험 기간이 되면 밤늦게까지 study에 몰두하는 학생들이 많다. ☐
③ 좋아하는 주제를 깊이 파고드는 것도 study의 한 예라고 할 수 있다. ☐

3. 공부처럼 느껴지지 않을 정도로 몰입한 적이 있었나요? '열정 공부 경험'을 떠올려 보세요.

- 무엇을 공부했나요? _____

- 왜 이게 흥미로웠나요? _____

_____

_____

정답 1. ② 2. X, O, O 3. (예시) 좋아하는 주제의 책 읽기 / 그림을 많이 그리지 않아도 상상력을 상상이나 시간이 훌쩍 지나가고 더 읽고 싶어졌어요!

021 **toast**
구운 빵, 굽다, 건배하다

빵 조각이 건배로 변신한 사연은?

'구운 빵'을 의미하는 영어 단어 toast에는 다른 뜻도 있습니다. 빵을 구워 먹는 행위를 넘어, 특별한 순간을 기념하며 잔을 들어 축하한다는 의미도 담겨 있습니다. 이러한 의미를 갖게 된 배경을 살펴보면, 독특하고 재미있는 관습과 역사가 숨어 있습니다.

toast의 유래는 고대 로마 시대로 거슬러 올라갑니다. 당시 로마인들은 포도주에 빵 조각을 넣어 마시는 풍습이 있었습니다. 이 빵 조각을 토스트라고 불렀는데, 신맛을 줄이고, 포도주의 풍미를 더해주는 역할을 했습니다. 사람들은 포도주에 이 빵 조각을 넣고 잔을 들어 건배를 외쳤습니다.

이후 중세 유럽에서도 이러한 풍습이 이어졌습니다. 시간이 흐르면서 toast는 점차 단순한 빵 조각을 넘어, 잔을 들고 축하의 말을 건네는 행위 자체를 의미하게 되었습니다. 특히 16세기 영국에서는 특별한 사람을 기리며 잔을 들고 toast를 제안하는 문화가 유행했습니다. 이때부터 toast는 건강과 성공을 기원하는 말과 함께 잔을 들어 올리는 행위로 자리 잡게 되었습니다.

문학 속에서도 toast라는 표현이 자주 등장했는데, 셰익스피어의 작품 『윈저의 즐거운 아낙네들』에 나오는 대사에서도 toast가 건배의 의미로 사용된 것을 알 수 있습니다.

1. 'toast'가 어떻게 '건배하다'라는 뜻을 갖게 되었을까요?

① 잔 위에 구운 빵을 얹어 두었다가 나중에 먹는 풍습에서 시작되었다.
② 로마 시대에 포도주에 구운 빵 조각을 넣고 건배를 하던 풍습에서 유래되었다.
③ 빵을 구우며 "행복하자!"고 외치던 노래에서 유래되었다.
④ 구운 빵 모양이 잔을 든 손과 닮았다는 속설에서 시작되었다.

2. 아래 단어와 뜻을 잘 읽고, 알맞게 선을 그어 보세요.

toast(오늘날 의미)   •   ① 포도주에 구운 빵 조각을 넣어 맛을 부드럽게 함
고대 로마의 풍습   •   ② 맛을 내기 위해 넣은 그 빵을 'toast'라고 불렀음
중세 건배 문화의 확산 •   ③ 잔을 들며 축하하는 문화가 유럽 전역으로 퍼짐
포도주에 넣은 빵 조각 •   ④ 건강과 축복을 기원하며 잔을 드는 '건배하다'라
                                는 의미로 사용됨

3. 누구를 위해 '건배'를 외쳐 보고 싶나요? 이 세상에서 여러분만의 특별한 toast를 상상해 보세요.

• 건배하고 싶은 대상은 누구인가요? _____

• 어떤 말을 하며 잔을 들고 싶나요? _____

_____

_____

022 travel
여행

집 떠나면 개고생, 그것이 여행

모험과 탐험, 새로운 체험을 떠올리게 하는 '여행'을 의미하는 영어 단어 travel의 어원은 뜻밖의 말에서 유래했습니다. travel은 '고생하다, 힘겹게 일하다'를 의미하는 프랑스어 travailler에서 파생된 travail에서 유래했습니다. 그렇다면 즐거움과 기대로 가득 찬 여행이 어떻게 '고통'에서 유래하게 되었을까요?

중세 시대에는 교통이 발달하지 않아 여행이 쉽지 않았습니다. 오늘날처럼 편안하고 빠른 비행기나 기차가 아닌, 도보나 말, 혹은 배를 타야 했으므로 여정 자체가 매우 힘들고 위험했습니다. 험한 길을 걸어야 하고, 도적 떼나 야생동물의 위협에 시달리기도 했습니다. 날씨도 예측하기 어려워 때로는 악천후에 목숨을 잃을 수도 있었습니다. 바다나 강을 건너다가 익사하는 경우가 많았고, 구덩이나 돌 등에 걸려 넘어져 다치는 일도 많았습니다. 이처럼 여행이 고된 노동과 동일시되면서 travail은 '여행'이라는 뜻으로 쓰이게 되었습니다. 이 말은 중세 영어 travailen, travelen으로 쓰이다가 오늘날 우리가 사용하는 travel이 되었습니다.

travel의 어원은 여행의 이중성을 잘 보여줍니다. 여행은 낯선 곳을 탐험하고 새로운 사람들을 만나는 즐거움도 있지만, 때로는 예상치 못한 어려움과 고생이 뒤따르기도 합니다. 이러한 고생으로 여행이 더욱 의미 있게 되고, 고생담은 훗날 풍부한 이야깃거리를 주기도 합니다.

1. 'travel'이라는 단어는 어떤 뜻에서 유래했을까요?

① 발이 빨라 '달리다'를 뜻하는 라틴어에서 나왔다.
② 여행 가방을 의미하는 고대 로마어에서 유래했다.
③ 중세 프랑스어에서 '고생하다'는 뜻의 단어에서 파생되었다.
④ '즐거움을 추구하다'는 의미의 단어에서 출발했다

2. 다음 중 travel이라는 표현이 가장 잘 어울리는 상황은?

① 친구들과 동네 산책을 하며 간식을 나눠 먹었다.
② 중세 시대, 말을 타고 먼 곳을 향해 떠나던 상인이 강을 건너다 고생했다.
③ 가족과 함께 비행기를 타고 편안하게 해외여행을 다녀왔다.
④ 자동차를 타고 5분 거리에 있는 마트를 다녀왔다.

3. 여행을 떠날 때 고생을 해본 적이 있나요? 그 고생이 나중에 어떤 이야기가 되었는지도 떠올려 보세요. 아래 빈칸에 알맞은 단어를 넣어 문장을 완성해 보세요.

• 언제, 어디로 갔을 때였나요? _____

• 어떤 점이 가장 힘들었나요? _____

_____

• 그 일이 시간이 지나고 어떤 추억이 되었나요? _____

_____

_____

023 vacation 휴가

휴가의 본질은 비우는 것

'휴가'를 뜻하는 영어 단어 vacation의 어원을 살펴보면 현재의 뉘앙스와 조금 다른 의미가 있습니다. vacation은 '비어 있다', '공백' 또는 '자유롭다'를 뜻하는 라틴어 vacare에서 파생된 vacatio에서 유래한 말입니다. 초기에는 '의무에서 해방된 상태'를 가리키며 주로 학생이나 법률 관련 업무를 담당하던 사람들이 일시적으로 일에서 벗어날 때 사용하던 말이었습니다.

중세 유럽에서는 vacation이 주로 법정 용어로 사용되었습니다. 법정이 문을 닫고, 재판관들이 일에서 해방되어 쉬는 휴정 기간을 의미했습니다. 당시 이 말은 오늘날 우리가 이해하듯이 주로 여행을 떠나는 '휴가'와 달리 모든 의무에서 벗어나 완전히 자유로운 상태를 가리켰습니다.

시간이 지나면서 vacation은 점차 일상생활에서 사용되기 시작하면서 19세기 미국에서는 학교의 방학이나 직장인들이 일을 쉬는 기간을 의미하는 말로 사용되었습니다. 이때부터 vacation은 단순히 쉬는 시간을 넘어서, 어디론가 떠나서 새로운 장소를 탐험하거나, 휴양을 즐기는 의미로 확장되었습니다. 오늘날 미국에서는 vacation이 휴가를 나타내는 가장 일반적인 말로 사용되지만, 영국에서는 holiday라는 말을 더 자주 사용합니다. 하지만 두 단어의 뿌리는 모두 '의무에서 해방되는 시간'이라는 공통된 기원을 가지고 있습니다.

1. 'vacation'이라는 단어는 원래 어떤 뜻에서 출발했나요?

① 여행을 떠난다는 의미에서 생겨난 단어이다.
② 새롭게 채우는 활동을 뜻하는 라틴어에서 유래했다.
③ 법정과 학교가 쉬는 '비어 있는 시간'을 의미하는 단어에서 유래했다.
④ 바다를 바라보며 노는 것을 뜻하는 말에서 유래했다.

2. 다음 문장을 읽고 맞으면 O, 틀리면 X 표시해 보세요.

① vacation은 단어 자체에 '놀다'나 '여행하다'의 뜻이 처음부터 포함되어 있었다. ☐
② 학교가 여름 방학에 들어가면, 학생들은 vacation을 즐긴다고 말할 수 있다. ☐
③ "우리 가족은 이번 여름 vacation에 바다로 놀러 간다."는 문장은 자연스럽다. ☐

3. 휴가나 방학이 있을 때, 그 시간에 꼭 하고 싶은 게 있나요? '비워진 시간'을 어떻게 채우고 싶은지도 생각해 보세요.

- 가장 기억에 남는 휴가나 방학은 언제였나요? _____
- 그 시간 동안 무엇을 했고, 어떤 기분이 들었나요? _____
  _____
- 다음에 쉼의 시간이 온다면, 어떤 걸 하고 싶나요? _____
  _____

정답 1. ③ 2. X, O, O 3. (예시) 여름방학에 몰디브에 다녀왔어요. / 바다에서 스노쿨링 하고 수박도 먹었어요, 마음에까지 물놀이가 들어차있어 시원한 기분. / 조용한 시골 에서 길게 그리고 하염없이 쉬어요.

024 **yogurt**
요구르트

프랑스 왕의 병을 낫게 한 명약

치즈와 더불어 대표적인 유제품으로 꼽히는 요구르트는 먼 옛날 유목민들로부터 이어져 온 오랜 역사를 지닌 식품입니다. 요구르트를 뜻하는 영어 단어 yogurt는 '응고되다'라는 뜻의 터키어 yoğurmak에서 파생된 yoğurt에서 유래했습니다.

요구르트의 기원은 기원전 5000년경 중앙아시아와 메소포타미아 지역까지 거슬러 올라갑니다. 당시 가축을 기르던 유목민들은 우유를 가죽 부대에 담아 이동하며 생활했는데, 우연히 우유가 발효되는 과정을 통해 요구르트를 발견하게 되었습니다. 젖산균에 의해 발효된 우유는 보존 기간이 길어지고 소화도 잘되어 유목민들에게 귀한 식량이 되었습니다. 아마도 요구르트는 세계 여러 지역에서 각기 독립적으로 발전했을 가능성이 높습니다. 고대 그리스에서는 요구르트와 비슷한 옥시갈라Oxygala라는 유제품을 먹었습니다. 갈레노스에 의하면 당시 사람들은 옥시갈라를 꿀과 함께 섭취했다고 합니다.

요구르트가 유럽에 널리 알려지게 된 것은 16세기 프랑스의 왕 프랑수아 1세 덕분입니다. 당시 프랑수아 1세는 심한 설사병을 앓았는데 프랑스 의사들 중에는 치료할 수 있는 이가 없었습니다. 그러자 동맹국이었던 오스만제국의 술레이만 대제가 보내준 의사가 처방한 요구르트를 먹고 프랑수아 1세는 완쾌할 수 있었습니다. 이에 대한 감사로 프랑수아 1세는 많은 사람들에게 요구르트의 효능을 널리 알렸다고 합니다.

1. yogurt는 어떻게 발견되어 유럽에 알려졌을까요?

① 터키 사람들이 맛있게 먹던 디저트를 프랑스에 수출했다.
② 프랑스의 한 왕이 우연히 발효시킨 우유를 먹고 병이 나았다.
③ 유목민들이 우유를 보관하면서 자연스럽게 발효된 것을 발견했고, 16세기 프랑수아 1세가 이를 치료 목적으로 먹고 완쾌하면서 유럽에 알려졌다.
④ 그리스 신화 속 신이 인간에게 전해준 신비의 우유에서 유래했다.

2. 아래 단어와 뜻을 잘 읽고, 알맞게 선을 그어 보세요.

yogurt(오늘날 의미) •   • ① '응고되다'는 뜻의 터키어에서 유래
yoğurt(터키어 어원) •   • ② 16세기 프랑스 왕이 요구르트를 먹고 병을 고침
프랑수아 1세와의 연결 •   • ③ 가죽 부대에서 자연 발효된 우유를 통해 처음 발견
유목민들의 발견 •   • ④ 젖산균으로 만든 발효 유제품

3. 몸이 아팠을 때 어떤 음식을 먹고 나았던 경험이 있나요?

• 아팠을 때 먹고 싶었던 음식은 무엇이었고, 그 음식이 주는 느낌은 어땠나요?

_____

_____

• 만약 나만의 '치유 음식'이 있다면 뭐라고 부르고 싶나요? _____

_____

_____

025 telephone
전화기, 전화

소리를 포장해 보내는 마법의 기계, 전화기

'전화기'를 뜻하는 영어 단어 telephone은 근대에 생겨난 말로서, 어원은 그리스어에서 유래했습니다. telephone은 그리스어로 '멀리'를 뜻하는 têle와 '목소리'를 뜻하는 phōné이 합쳐져 만들어진 합성어로 '멀리 소리를 전달하는 기계'라는 뜻입니다. 오늘날 우리가 당연하게 사용하는 이 용어는 사실 19세기 말에 등장한 혁신적인 발명품에서 생겨났습니다.

1876년에 알렉산더 그레이엄 벨Alexander Graham Bell이 최초로 전화기를 발명하면서 인류는 소리를 멀리까지 전달할 수 있는 새로운 시대를 맞이했습니다. 벨 이전에도 많은 과학자들이 유사한 장치를 개발하려고 노력했지만, 벨이 최초로 전화 통화에 성공함으로써 세상을 놀라게 했습니다. 전화기의 작동 원리는 간단합니다. 우리가 말을 하면 소리의 진동이 전기 신호로 바뀌어 전선을 통해 다른 곳으로 전달됩니다. 이 전기 신호는 마치 편지를 부치듯 상대방에게 전달되고, 상대방의 전화기에서는 다시 소리로 변환되어 들리게 됩니다. 마치 소리를 포장해서 멀리 보낸 뒤에 다시 꺼내는 것과 같죠.

사실 전화기가 처음 발명되었을 당시에는 talking telegraph(말하는 전신)나 speaking tube(통화 관) 등 다양한 이름이 후보로 거론되었습니다. 하지만 결국 그리스어 어원을 기반으로 한 telephone이 가장 적합하다고 판단되어 새 발명품의 이름으로 채택되었습니다. 이는 간결하면서도 명확하게 전화기의 기능을 보여주었기 때문이라고 합니다.

> **Tip**
> 오늘날 전화기나 초인종이 울릴 때 '벨이 울린다'라고 표현하는데 이 말을 뜻하는 영어 단어 bell은 바로 전화기의 발명자인 알렉산더 그레이엄 벨의 이름에서 유래한 것입니다.

1. 'telephone'이라는 단어는 어떤 의미의 합성어이며, 어떻게 탄생했나요?

① 고대 로마 군인들이 멀리서 외치는 소리를 뜻하는 말에서 유래했다.
② '멀리'와 '소리'를 뜻하는 그리스어에서 유래한 합성어로, 소리를 멀리 전달하는 기계를 뜻한다.
③ 알렉산더 벨이 자신의 친구 이름을 따서 만든 단어이다.
④ 전화기가 발명되기 훨씬 전부터 사용되던 고대 장치의 이름이다.

2. 다음 중 telephone이라는 표현이 가장 잘 어울리는 상황은?

① 한 사람이 말한 소리가 전기 신호로 바뀌어 다른 곳에서 다시 소리로 들렸다.
② 누군가가 엽서를 써서 친구에게 우편으로 보냈다.
③ 친구가 집에서 라디오를 켜고 음악을 들었다.
④ 어떤 아이가 확성기로 소리를 크게 외쳤다.

3. 전화를 처음 사용한 날을 상상해 보세요. 소리가 전선을 타고 누군가에게 '포장되어' 간다는 건 어떤 느낌이었을까요?

• 전화로 가장 먼저 말해 보고 싶은 사람은? _____

• 어떤 말을 전하고 싶나요? _____

_____

_____

정답 1. ② 2. ① 3. (예시) 할머니/ 멀리 계셔서 자주 볼 수 없지만 정말 보고 싶어요.

026 paper 종이

비밀을 간직한 고대 종이, 파피루스

'종이'를 의미하는 영어 paper는 오늘날 자주 사용하는 말이지만 그 기원은 멀리 고대 이집트까지 거슬러 올라갑니다. paper는 나일강 주변에서 자라는 갈대 종류인 '파피루스papyrus'에서 유래했습니다.

고대 이집트인들은 파피루스를 가공하여 종이처럼 만들어 사용했습니다. 파피루스 줄기를 가늘게 썰어 겹겹이 쌓고 망치나 돌로 두드려 압축한 다음 말려서 표면을 매끄럽게 다듬었습니다. 이렇게 종이처럼 만든 파피루스에 상형문자로 글을 쓰고 그림을 그려 넣어 역사, 문학 작품, 종교 경전 등을 기록했습니다. 특히 죽은 사람의 무덤에 넣었던 '사자의 서'가 가장 대표적인 예시였습니다. '사자의 서'에는 죽은 사람의 영혼이 안전하게 저승으로 갈 수 있도록 도와주는 다양한 주문과 그림이 담겨 있었습니다.

고대 이집트인들이 발명한 파피루스는 이후 그리스인에게도 전해져 널리 사용되었어요. 그리스인들은 이 물질을 이집트에서 부르는 그대로 파피루스papyrus라고 불렀습니다. 이 말은 이후 라틴어를 거쳐 영어에도 들어와 paper가 되었습니다. 파피루스는 단순한 기록 매체를 넘어 이집트 문명과 그리스 문명이 발전하고 지식이 전파되는 데 중요한 역할을 했습니다.

> **Tip**
> paper는 아주 다양하게 쓰입니다. 기록을 위해 book(책), newspaper(신문), notebook(공책), letter(편지)를 만드는 데 사용되고, paper bag(종이봉투), paper cup(종이컵)처럼 생활 속에서 쓰이는 새로운 물건의 재료가 되기도 해요.

1. 'paper'라는 단어가 어떤 과정을 거쳐 지금의 의미로 사용되게 되었는지를 가장 잘 설명한 것은?

① 종이를 처음 만든 중국에서 유래한 단어가 유럽으로 퍼진 것이다.
② 파피루스를 사용한 이집트 기록법이 라틴어와 영어로 전해지며 단어가 바뀐 것이다.
③ 중세 유럽의 나무 껍질에서 유래했으며, 파피루스와는 관계없다.
④ 그리스 철학자들이 만든 문서 양식을 표현하기 위해 새롭게 만든 단어이다.

2. 다음 문장을 읽고 맞으면 ○, 틀리면 × 표시해 보세요.

① paper는 고대 이집트에서 만들어진 파피루스에서 유래된 단어이다. ☐
② 수업 시간에 발표할 내용을 정리해서 친구들과 나눠 주는 종이를 paper라고 부를 수 있다. ☐
③ 누군가가 신문을 읽고 있을 때, "그 사람은 지금 paper를 읽고 있어."라고 말할 수 있다. ☐

3. 고대 이집트 사람들은 갈대인 파피루스를 가공해 종이처럼 썼어요. 옛날 사람들이 종이 대신 사용할 수 있을 만한 특별한 재료를 하나 골라서, 어떤 방법으로 기록했을지 상상해 보세요.

- 내가 고른 재료는? _____
- 어떻게 기록할 수 있을까요? _____
  _____
- 왜 이걸 골랐나요? _____
  _____

027 **hamburger**
햄버거

햄버거에는 원래 빵이 없었다!

오늘날 햄버거는 전 세계인이 즐기는 음식입니다. 이름 때문에 햄과 관련이 있다고 생각할지 모르지만, 사실 햄버거는 독일의 항구 도시 함부르크Hamburg에서 유래한 말입니다. 18세기에 아시아를 여행하던 독일 상인들은 흥미로운 광경을 목격했습니다. 바로 현지인들이 말안장에 소고기를 매달아 두는 것을 보게 된 것입니다. 그렇게 하면 말이 달리는 동안 소고기가 안장에 부딪혀 마치 두들긴 것처럼 육질이 부드러워진다는 것을 알았습니다. 이후 함부르크로 돌아온 상인들은 소고기를 다져서 부드럽게 요리해 먹었습니다. 그렇게 다진 고기 요리는 도시의 이름을 따서 함부르크 스테이크로 불렸어요.

19세기, 미국에 건너가 정착한 독일 이민자들은 고향에서 즐기던 요리를 해 먹었습니다. 잘게 다진 쇠고기에 달걀과 양파와 양념을 더하여 기름에 구워 먹는 이 스테이크는 신문에 소개될 정도로 미국인들에게도 인기를 얻었습니다.

1885년, 위스콘신주의 박람회에서 찰리 나그린이라는 노점상은 획기적인 아이디어를 냈습니다. 샌드위치처럼 돌아다니며 먹을 수 있도록 납작하게 누른 함부르크 스테이크를 빵 사이에 끼워 팔기 시작했는데, 손님들로부터 좋은 반응을 얻었습니다. 그 뒤 시간이 흐르면서 햄버거는 버거burger라는 이름으로 더 많이 불리게 되었고, 빵 사이에 끼워 넣는 재료에 따라 비프버거, 치킨버거, 치즈버거, 피시버거 등 다양한 종류가 등장했습니다.

1. 다음 중 'hamburger'라는 단어와 그 의미가 변화해 온 과정을 가장 잘 설명한 것은 무엇인가요?

① '햄'을 넣어 만든 음식에서 유래했으며, 처음에는 돼지고기를 사용했다.
② 프랑스에서 만들어졌고, 고기 대신 채소를 넣은 음식이었다.
③ 독일의 도시 이름에서 유래했으며, 다진 고기를 빵 사이에 넣으면서 지금의 햄버거가 되었다.
④ 고대 로마 군인들이 먹던 전투식량에서 유래했으며, 이후 미국에서 이름이 붙여졌다.

2. 아래 단어와 뜻을 잘 읽고, 알맞게 선을 그어 보세요.

Hamburg	•	① 빵 사이에 고기를 넣은 '이동식 음식' 아이디어를 낸 사람
Hamburg steak	•	② 독일의 항구 도시, 햄버거의 어원이 된 곳
hamburger(미국식)	•	③ 다진 쇠고기를 구운 음식, 함부르크에서 유래
찰리 나그린	•	④ 빵 사이에 함부르크 스테이크를 넣은 음식

3. hamburger는 원래 '함부르크 스테이크'에서 나온 이름이에요. 여러분이라면 다른 도시의 이름을 따서 어떤 새로운 음식 이름을 만들고 싶나요?

• 도시 이름 _____

• 음식 이름 _____

• 어떤 음식인가요? _____
_____
_____

정답 1. ③ 2. ②-③-④-① 3. (예시) Seoul / Seoul toast / 김치와 치즈를 넣은 매콤한 아침 토스트!

028 lounge
라운지, 대합실, 휴게실

귀족의 안식처에서 대중의 쉼터로

우리말로도 '라운지'라고 쓰이는 영어 단어 lounge는 편안하게 쉬거나 휴식을 취하는 공간을 의미합니다. 이 말의 기원은 중세 프랑스어로 거슬러 올라갑니다.

lounge의 어원을 살펴보면 '눕다'라는 뜻의 중세 프랑스어 s'allonger에서 유래했습니다. 이 말은 '길다'라는 뜻의 라틴어 longus에서 파생된 표현입니다. 길게 누워서 편안하게 쉬는 모습을 떠올리면 lounge의 의미가 자연스럽게 와닿을 거예요.

영어로 넘어오면서 lounge의 의미는 더욱 확장되었습니다. 과거에는 라운지가 귀족이나 부유한 사람들만 누릴 수 있는 특별한 공간이었습니다. 넓고 안락한 공간에서 손님을 맞이하고, 가족과 함께 휴식을 취하는 곳이었습니다. 하지만 19세기 산업혁명 이후, 라운지는 일반 대중에게도 개방되기 시작했습니다. 호텔, 기차역, 공항 등 사람들이 모이는 공공장소에 라운지가 생겨나면서 누구나 편안하게 쉴 수 있는 공간이 되었습니다.

그뿐만 아니라, lounge는 편하게 쉬는 휴식 공간 외에도 빈둥거리며 시간을 보내는 행위, 즉 느긋하게 쉬는 동작 자체를 의미하기도 합니다. 예를 들어, 소파에 누워 TV를 보며 시간을 보내는 행위를 lounge로 표현할 수 있습니다.

1. 다음 중 'lounge'라는 단어와 그 의미 변화 과정을 가장 잘 설명한 것은 무엇인가요?

① 원래는 운동 공간을 뜻했으며, 나중에 대기 공간을 의미하게 되었다.
② '집안일을 하다'라는 뜻에서 출발해, 편안한 분위기를 강조하는 말이 되었다.
③ 고대 로마에서 쓰인 목욕탕 용어에서 유래되어 오늘날 호텔에서 사용된다.
④ '눕다'라는 뜻의 프랑스어에서 유래해 길게 누워 쉬는 모습을 말한다.

2. 다음 중 lounge라는 표현이 가장 잘 어울리는 상황은?

① 친구들이 도서관에서 조용히 책을 읽고 있었다.
② 한 사람이 소파에 길게 누워 느긋하게 쉬고 있었다.
③ 운동장이 넓어서 아이들이 자유롭게 뛰어놀았다.
④ 요리사가 주방에서 바쁘게 저녁 식사를 준비하고 있었다.

3. 라운지는 몸과 마음을 편안하게 쉬는 공간이에요. 여러분만의 '라운지'는 어떤 모습일까요?

- 나의 라운지 _____

- 거기서 무엇을 하고 싶은가요? _____

_____

_____

029 potluck
평소에 먹는 음식, 각자 음식을 가져와 나누는 식사

냄비 속 행운, potluck의 기원

영어 단어 potluck은 '냄비'를 뜻하는 pot과 '행운'을 뜻하는 luck이 합쳐진 말입니다. 글자 그대로 풀이하면 '행운이 담긴 음식' 또는 '복이 깃든 음식'이라는 뜻이지만, 모임에 참석하는 사람들이 각자 한 가지씩 음식을 가져와 함께 나누는 식사를 나타내는 말입니다. 이 표현은 중세 영국의 풍습에서 유래했습니다.

옛날 영국에서는 남는 음식이 있으면 버리지 않고, 예기치 않게 찾아오는 손님이나 나그네에게 주려고 그릇에 담아 놓았습니다. 그래서 저녁 시간에 갑자기 누군가가 찾아오면 뜻밖에도 그 손님은 먹을 복이 있다는 뜻으로 the luck of the pot이라고 표현했습니다. 방문한 손님은 뜻밖의 행운을 누리는 것이므로 주인이 평소 먹는 음식을 대접받는 것에 감사하며, 무엇이 나올지 기대하며 음식을 즐겼습니다. 시간이 흐르면서 the luck of the pot은 짧게 줄여 potluck으로 불리기 시작했고, 절약 정신과 나눔의 미덕이 결합한 문화로 자리 잡았습니다.

19세기 후반 potluck은 미국으로 전해졌고, 특히 1930년대 대공황 시대에는 요리사가 준비한 화려한 요리가 아니라 '집에서 직접 만든 음식을 나누며 서로의 정을 나누는 식사'를 가리키는 말이 되었습니다. 그러면서 모두가 경제적으로 어려운 가운데 서로 돕고 살아가는 공동체 의식을 상징하는 문화로 자리매김했습니다. 오늘날 potluck은 단순한 식사를 넘어 다양한 문화와 배경을 가진 사람들이 함께 모여 소통하고 교류하는 자리로 발전했습니다.

1. 'potluck'이라는 단어는 어떤 의미에서 시작되었으며, 지금은 어떤 문화를 뜻하나요?

① 큰 식당에서 비싼 음식을 먹는 식사를 의미한다.
② 복권처럼 무작위로 음식을 고르는 게임에서 유래했다.
③ 남은 음식을 방문객에게 대접하던 문화에서 시작되어, 각자 음식을 나누는 공동체 식사를 뜻한다.
④ 예전에는 벌을 받는 자리에서 주는 특별한 음식이었다.

2. 다음 문장을 읽고 맞으면 O, 틀리면 X 표시해 보세요.

① potluck은 각자 음식을 가져와서 함께 나누는 식사이다. ☐
② potluck이라는 말은 '맛있는 요리사'라는 뜻에서 나왔다. ☐
③ 옛날에는 갑자기 찾아온 손님에게 남은 음식을 주기도 했다. ☐

3. 친구들과 함께하는 potluck 모임에 어떤 음식을 가져가고 싶나요? 그 음식에 담긴 여러분의 이야기를 함께 적어 보세요!

- 내가 가져갈 음식 _____

- 이 음식을 고른 이유는? _____

- 어떤 이야기를 나누고 싶나요? _____

_____

_____

정답 1. ③ 2. ① O, ② X, ③ O 3. (예시) 엄마가 해 주신 김치볶음밥 / 엄마사랑 친구들에게 소개해 주고 싶고, 매운맛 정도 조절이 가능해서 / 친구들에게 "이거 엄마가 자주 해 주시는 음식이야"라고 소개하고 싶어요.

음식 이름에도
이야기가 있어요!

Pizza
피자

피자는 '눌러 편 것'이라는 뜻의 라틴어 pinsa에서 유래했어요. 처음엔 토핑 없이 밀가루 반죽만 구운 납작빵이었죠. 이탈리아 나폴리에서 토마토와 치즈를 얹으면서 지금의 피자가 탄생했어요. 특히 '마르게리타 피자'는 이탈리아 국기를 닮은 색으로 유명해요. 왕비를 기리기 위해 만든 피자가 국민 음식이 되었죠.

Chocolate
초콜릿

초콜릿은 '쓴 물'을 뜻하는 아즈텍어 xocolatl에서 유래했어요. 고대 마야와 아즈텍 사람들은 카카오콩으로 쓴 음료를 만들었어요. 이 음료는 신에게 바치는 신성한 제물이었고, 왕만 마실 수 있었어요. 이것이 유럽에 전해지면서 설탕이 더해져 달콤한 간식으로 바뀌었지요. 카카오 한 알에 담긴 땅의 기운과 정성은 여전히 남아 있어요.

Ratatouille
라따뚜이

라따뚜이는 프랑스어 '휘젓다(touiller)'에서 나온 말이에요. 프랑스 남부 니스에서 남은 채소로 만든 서민 요리였죠. 토마토, 가지, 호박, 양파를 골고루 섞어 푹 익혀요. 이름처럼 재료도 휘저어, 마음도 휘저어 따뜻하게 만들어줘요. 영화 '라따뚜이' 속 쥐 요리사가 만든 감동의 한 접시 기억나나요?

Pasta
파스타

파스타는 '반죽'을 뜻하는 라틴어 pasta에서 유래했어요. 고대 로마인들은 밀가루 반죽으로 다양한 모양을 만들었죠. 이탈리아에서는 지역마다 다양한 파스타가 생겨났어요. 스파게티, 펜네, 라자냐처럼 이름도 맛도 정말 다양해요. 그래서 파스타는 함께 나누는 따뜻한 유럽의 언어예요.

Hot Dog
핫도그

핫도그는 길쭉한 소시지를 '닥스훈트' 개에 빗댄 농담에서 나온 말이에요. 미국에 정착한 독일 이민자들이 만든 소시지 빵이 그 시작이었어요. 신문 만화에서 "저건 진짜 개고기일지도 몰라!"라고 말한 장면이 유명해요. 그 만화 속 이름이 바로 'hot dog'이었답니다! 지금은 놀이공원, 야구장, 길거리 어디서나 볼 수 있는 인기 간식이에요.

French Fries
프렌치프라이

프렌치프라이는 실은 벨기에서 시작된 음식이에요. 벨기에 사람들이 프랑스어를 쓰는 걸 본 미국 군인들이 프랑스 음식으로 착각해 붙인 이름입니다. 감자를 길쭉하게 썰어 바삭하게 튀긴 간단한 요리지만, 소금 한 꼬집으로 모두의 마음을 사로잡았죠.

Cheese
치즈

치즈는 '발효하다'라는 뜻의 라틴어 caseus에서 유래한 단어입니다. 옛날 유목민이 우유를 가죽 주머니에 넣어 두었더니, 안에 남은 효소 때문에 우유가 굳어 버렸어요. 그 실수에서 치즈가 태어난 거예요! 모양, 맛, 냄새는 다 달라도 모두 정성과 시간이 만든 맛이에요. 치즈는 기다림과 발견이 만든 아주 오래된 기적이에요.

2부

감정과 관계에 관한 어휘와 표현

030 Achilles heel
아킬레스 건

불멸의 영웅을
무너뜨린 치명적 약점

　누구나 한 번쯤 들어봤을 정도로 친숙한 '아킬레스건'을 나타내는 영어 표현은 Achilles heel이라고 합니다. 이는 단순히 발뒤꿈치를 가리키는 의학 용어가 아니라, 치명적인 약점을 비유적으로 나타내는 말입니다. 이 표현의 유래는 고대 그리스 신화 속 영웅 아킬레우스의 이야기에서 찾아볼 수 있습니다.

　트로이 전쟁의 영웅으로 잘 알려진 아킬레우스는 펠레우스 왕과 바다의 여신 테티스의 아들로 태어났습니다. 테티스는 반은 인간의 피를 타고난 아들을 불멸의 존재로 만들려고 스틱스강에 담갔습니다. 이 강물에 몸을 담그면 죽지 않는 힘을 얻을 수 있었기 때문입니다. 그런데 한 가지 문제가 있었습니다. 테티스가 아킬레우스를 강물에 담글 때, 발꿈치를 잡고 있었기 때문에 그 부분만 강물에 닿지 않았습니다. 그래서 아킬레우스는 온몸이 무적이 되었지만, 발꿈치만큼은 여전히 취약한 부분으로 남았답니다.

　한편, 시간이 흐른 뒤 트로이 전쟁에서 아킬레우스는 그 누구도 당해낼 수 없는 강력한 전사로 성장했지만, 그의 운명은 발꿈치에 달려 있었습니다. 결국 아킬레우스는 트로이의 왕자 파리스가 쏜 화살에 발꿈치를 맞고 죽음을 맞이했습니다. 이 이야기에서 유래한 Achilles heel은 사람의 치명적인 약점을 의미하는 말로 쓰이게 되었습니다.

1. 아킬레스의 치명적 약점인 '아킬레스건'은 어떤 사건에서 유래한 표현인가요?

① 아킬레우스의 불사의 몸에서 발꿈치만 제외되고, 나중에 그 부분을 맞고 죽었다.
② 아킬레우스가 전쟁 중에 자신을 배신한 친구에게 맞아 죽었다.
③ 아킬레우스가 신의 명령을 거부해 처벌받았다.
④ 아킬레우스가 자신의 전쟁에서 패배해 군대를 잃었다.

2. 아래 단어와 뜻을 잘 읽고, 알맞게 선을 그어 보세요.

아킬레우스 •   ① 불멸의 힘을 얻을 수 있는 강, 아킬레우스의 약점이 생긴 곳
Achilles heel •   ② 치명적인 약점, 아킬레우스의 발꿈치에서 유래
스틱스 강 •   ③ 트로이 전쟁의 영웅, 거의 무적이었지만 발꿈치가 약점
파리스 •   ④ 아킬레우스를 발꿈치에 화살로 쏴 죽인 트로이의 왕자

3. 여러분이 아주 강하고 잘하는 사람이지만 단 하나, 작은 약점이 있다면 그것은 무엇일까요? 그 약점이 생긴 이유는 무엇일까요? 그 약점을 누군가에게 털어놓는다면, 누구에게 말하고 싶나요?

• 나의 약점 _____

• 약점이 생긴 이유는? _____

• 누구에게 말하고 싶나요? _____

> **Tip**
> 북유럽 신화에도 아킬레우스와 비슷한 태양의 신 발데르가 등장합니다. 불길한 예언을 들은 어머니는 세상 만물에게 발데르를 해치지 않겠다는 약속을 받아냅니다. 하지만 힘없는 겨우살이에게는 약속을 받지 않는 바람에, 모든 것에 면역력이 있던 발데르는 결국 겨우살이로 만든 화살에 맞아 죽습니다.

정답: 1. ① 2. ③-②-①-④ 3. (예시) 나는 축구 공이 너무 무서워요. / 어렸을 때 놀이기구를 타다가 나무 부딪혀서 통원한 기억이 이 아직도 무서워요. 아마 내가 아셨을 많이 힘들어하셨던 엄마에게 말하고 싶어요. 곧 극복할 것 같기든요.

031 bee's knees
멋진, 끝내 주는

벌에게도 무릎이 있다고?

bee's knees는 글자 그대로 풀이하면 '벌의 무릎'이라는 뜻인데, 이게 대체 무슨 의미일까요? 사실 이 말은 어떤 사람이나 사물이 매우 훌륭하거나 특별할 때 쓰는 표현입니다. 예를 들어, "That new movie is the bee's knees!"라고 말하면, 그 영화가 아주 멋지다는 뜻이죠.

그런데 왜 하필 '벌의 무릎'이 이런 뜻으로 쓰이게 되었을까요? 18세기에 생겨난 이 표현은 원래 '작고 하찮은 것'을 의미했습니다. 그런데 1920년대 미국에서는 창의적이고 즉흥적인 연주가 특징인 재즈 음악이 인기를 끌면서 다양한 속어와 유행어가 생겨났습니다. 특히 동물의 신체 부위에 빗대어 '멋진 것'을 나타내는 표현들이 유행했는데, bee's knees도 그중 하나였습니다. 당시에는 말장난 비슷한 표현들이 봇물 터지듯 쏟아져 나왔는데, 모두 원래 뜻보다는 '최고'라는 것을 강조하는 의미로 쓰였습니다.

흥미로운 점은 벌의 다리, 특히 무릎 부분이 실제로 꿀벌의 중요한 신체 부위라는 사실입니다. 꿀벌은 꽃가루를 다리에 묻혀 벌집으로 가져가 꿀을 만듭니다. 즉 벌의 무릎은 꿀벌의 생존과 번식에 필수적인 부위인 셈입니다. 이와 같은 이유로 bee's knees가 '아주 귀중한 것'을 의미하게 되었다고도 볼 수 있습니다.

1920년대에 우후죽순 생겨나 유머처럼 유행한 많은 표현들은 대부분 사라졌지만, bee's knees는 살아남아 오늘날까지 사용되고 있답니다.

1. bee's knees'라는 표현은 어떻게 생겨났으며, 지금은 어떤 의미로 쓰이나요?

① 벌의 무릎은 작고 쓸모없다는 인식에서 비롯되었으며, 지금은 무가치한 것을 나타낸다.
② 꿀벌의 무릎이 실제로는 사용되지 않는 부위라는 오해에서 유래하여, 농담으로 쓰인다.
③ 벌의 무릎이 꿀 채집에 꼭 필요한 부위라는 점과 1920년대 유행어 문화가 결합되어, 지금은 '아주 멋진 것'을 뜻한다.
④ 벌의 무릎이 다치기 쉬운 연약한 부위라는 점에서 유래되어, 지금은 동정이나 연민을 나타낸다.

2. 다음 중 bee's knees라는 표현이 가장 잘 어울리는 상황은?

① 새로 산 영화가 너무 별로여서 끝까지 보지 않고 껐다.
② 친구가 만든 케이크가 너무 맛있어서 모두가 감탄했다.
③ 영어 단어가 기억나지 않아 사전을 뒤졌다.
④ 운동장에서 넘어져 무릎을 다쳤다.

3. '벌의 무릎'처럼 엉뚱하지만 귀엽고 특별한 표현을 하나 만들어 보세요. 그 표현은 어떤 뜻인가요? 그 표현을 어디에서, 언제 쓰면 좋을지도 함께 생각해 보세요.

- 내가 만든 표현 _____
- 어떤 뜻인가요? _____
- 그 표현을 어디에서 언제 쓰나요? _____

> **Tip**
> bee's knees와 비슷한 표현으로는 cat's pajamas(고양이 잠옷), ant's pants(개미 바지), eel's ankles(장어 발목), chicken's lips(닭의 입술) 같은 말들이 있어요. 모두 '멋지다'를 나타내는 표현이랍니다.

정답 1. ③ 2. ② 3. (예시) rabbit's finger / rabbit's finger는 나무 자이에서 뜨거운 해도 기분 좋아지는 일을 뜻해요. / 친구가 울적 모습을 열었을 때, "후유~ 그건 완전 rabbit's finger야." 하고 말해요.

032 bell the cat
위험한 일을 떠맡다

고양이 목에 방울 달기, 좋은 생각인데 누가 하지?

영어에는 옛이야기에서 유래한 표현들이 많습니다. 그중에 bell the cat은 오래전 『이솝 우화』에 나오는 '고양이와 쥐' 이야기에서 유래한 표현입니다. 글자 그대로 풀이하면 '고양이 목에 방울 달기'라는 뜻이지만 위험한 일을 떠맡거나 위험을 감수하는 것을 의미합니다.

어느 날, 오랫동안 고양이에게 쫓기며 시달리던 쥐들이 모여 회의했습니다. 조용히 다가와 덮치는 고양이의 공격에서 어떻게 하면 안전하게 살아남을 수 있을지 머리를 맞대고 고민했습니다. 그때 잘난 척하기 좋아하는 젊은 쥐가 기발한 아이디어를 냈습니다. "고양이 목에 방울을 달아서, 고양이가 다가올 때마다 그 소리를 듣고 도망가면 어떨까요?" 쥐들은 매우 좋은 생각이라고 다들 찬성했습니다. 하지만 문제는 그다음이었습니다. 가만히 듣고 있던 늙은 쥐가 조용히 물었습니다. "좋은 생각이긴 한데 누가 고양이 목에 방울을 달 것인가?" 그러자 쥐들은 서로 눈치만 보며 슬금슬금 꽁무니를 뺐습니다. 방울을 달자는 제안에는 모두 좋다고 찬성했지만, 정작 고양이에게 다가가 직접 방울을 달겠다고 나서는 쥐는 아무도 없었습니다. 고양이에게 방울을 다는 일은 목숨을 걸어야 할 만큼 매우 위험한 일이었기 때문이죠. 결국 이 멋진 계획은 실행되지 못했습니다.

아무리 좋은 계획이라도 실행할 방법이 없으면 탁상공론에 불과하다는 교훈을 주는 이 이야기에서 유래한 bell the cat은 용기를 내어 '어려운 일을 떠맡다'라는 뜻으로 쓰이게 되었습니다.

1. 다음 중 'bell the cat'이라는 표현이 만들어진 이유를 가장 알맞게 설명한 것은 무엇인가요?

① 고양이가 먹이를 먹을 때 방울 소리를 내기 때문에 붙여진 이름이다.
② 누군가가 방울을 흔들면 고양이가 나타난다는 고대 풍습에서 유래했다.
③ 고양이를 훈련시키기 위한 도구로 방울을 사용한 중세 시대 풍습 때문이다.
④ 좋은 계획이라도 위험한 일을 직접 하기는 어렵다는 『이솝 우화』에서 유래했다.

2. 다음 문장을 읽고 맞으면 O, 틀리면 X 표시해 보세요.

① bell the cat은 실제로 고양이에게 방울을 다는 귀여운 행동을 가리키는 말이다. ☐
② 팀 프로젝트에서 모두가 꺼리는 일을 자원해서 맡았다면, 그는 bell the cat을 한 셈이다. ☐
③ 위험한 일을 누군가 대신 맡아 해준다면, 우리는 "누가 bell the cat을 했네!"라고 표현할 수 있다. ☐

3. "좋은 아이디어지만, 누가 실행하냐가 문제야." 이 이야기를 읽고, 우리 주변에서도 이런 상황이 있었는지 생각해 보세요.

_____
_____
_____

> **Tip**
> 『이솝 우화』는 기원전 620년경부터 기원전 564년까지 살았던 고대 그리스의 노예이자 이야기꾼인 이솝Aesop이 쓴 우화 모음집입니다. 이 우화들은 주로 동물을 등장시켜 인간 사회의 문제를 풍자하고 도덕적 교훈을 전달합니다.

정답 1. ④ 2. ① X, ② O, ③ X 3. (예시) 반 친구들끼리 두가 발표할지 정할 때 다른 많이 없었던 기억이 나요.

033　black sheep
골칫덩어리, 문제아

양치기의 골칫덩어리, 검은 양

　black sheep은 글자 그대로 풀이하면 '검은 양'이라는 뜻이지만 실제로는 한 집단에서 다른 사람들과 달라 눈에 띄거나 문제를 일으키는 사람을 의미합니다. 이 표현은 오랜 시간 동안 사회적 규범과 기대에서 벗어난 사람을 부정적으로 묘사하는 데 사용되었습니다. 그런데 검은 양이 왜 이런 뜻을 갖게 되었을까요?

　양들은 대부분 털이 하얀데, 가끔은 검은색 털을 가진 양이 태어날 때도 있습니다. 검은 양은 자연스레 하얀 양들 사이에서 눈에 띄었습니다. 검은 양털은 하얀 양털과 달리 염색이 어려워 상품 가치가 떨어졌습니다. 또한 역사적으로 검은색은 부정적 의미를 띠거나 안 좋은 징조로 여겨졌습니다. 어둠, 악, 죽음 등을 상징하는 색깔로 인식되었죠. 그래서 양 주인에게 검은 양은 달갑지 않은 존재였지요. 이러한 이유로 black sheep은 가족이나 사회에서 잘 어울리지 못하거나 문제를 일으키는 사람을 비유적으로 표현하는 데 사용되었습니다.

　하지만, 시대가 변하면서 부정적으로만 쓰이던 black sheep의 의미도 조금씩 변하고 있습니다. 오늘날에는 남들과 다른 생각을 하고, 자신만의 독창적인 길을 가는 사람을 긍정적으로 나타내는 표현으로도 쓰입니다. 예술가나 혁신가처럼 기존의 틀을 깨고 새로운 것을 창조하는 사람들이 대표적인 예입니다. 이는 사회의 다양성을 인정하고, 개성을 존중하는 시대적 분위기를 반영합니다.

1. 다음 중 black sheep의 의미에 대해 옳게 설명한 것은 무엇인가요?

① black sheep은 항상 좋은 의미로 사용되며, 사회적 규범을 따르는 사람을 의미한다.

② black sheep은 원래 양털 색 때문에 사회에서 잘 어울리지 않거나 문제를 일으키는 사람을 뜻했다.

③ black sheep은 고대 그리스에서 시작된 표현으로, 좋은 징조를 의미한다.

④ black sheep은 양을 비유적으로 표현한 말로, 사람들 사이에서 항상 환영받는 존재를 의미한다.

2. 아래 단어와 뜻을 잘 읽고, 알맞게 선을 그어 보세요.

black sheep	•	① 염색이 쉬워 상품 가치가 높았던 양털
하얀 양털	•	② 사회에서 눈에 띄거나 문제를 일으키는 사람
검정색	•	③ 어둠과 죽음을 상징하며 부정적으로 여겨지던 색
black sheep(현대 의미)	•	④ 남들과 다른 길을 가는 독창적인 사람을 뜻하기도 함

3. 예전엔 black sheep이 '문제아'였지만, 요즘은 '독창적인 사람'이란 뜻으로도 쓰여요. 여러분은 남들과 다른 점이 있었을 때, 그걸 좋게 느낀 적이 있었나요?

_____

_____

_____

034 blue blood
명문 출신, 귀족 혈통

귀족의 피는 푸른색이라고?

영어 단어 blue는 '푸른색' 외에 다른 뜻으로도 쓰입니다. 예를 들어, "I feel blue."처럼 '우울하다'는 뜻으로도 쓰이고, 때로는 '고귀하다'라는 뜻으로도 쓰입니다. 겉뜻은 '푸른 피'지만 실제로는 '귀족 혈통'을 나타내는 blue blood는 스페인어 sangre azul(푸른 피)에서 유래한 표현입니다. 이 말에는 이슬람 세력에 저항하고 순수 혈통을 지키려 했던 스페인 귀족들의 자부심이 담겨 있습니다.

스페인과 포르투갈 두 나라가 위치한 이베리아반도는 711년에 아랍인들과 베르베르인들로 구성된 이슬람군의 침공으로 오랫동안 이슬람 세력의 지배를 받았습니다. 그로부터 7백여 년이 지난 1492년에 그라나다의 나사리 왕국을 완전히 몰아낸 뒤에야 겨우 주권을 되찾았습니다. 한편, 나라를 빼앗긴 동안 카스티야 지방의 귀족 가문 사람들은 정복자인 무어인들과 결혼하지 않고 같은 민족끼리 결혼하여 순수한 혈통을 지키려고 노력했습니다.

백인이었던 귀족은 무어인보다 피부색이 희어서 마치 푸른 핏줄을 가진 것처럼 보였습니다. 실제로 피는 붉은 색이지만, 피부 표면에 드러나는 정맥은 파랗게 보이기 때문이죠. 이러한 특징 때문에 푸른 피를 가진 사람들이라는 의미에서 귀족들을 sangre azul이라고 불렀고, 영어로 번역된 blue blood라는 표현이 생겨나 '상류층'을 의미하는 말이 되었습니다.

> **Tip**
> blue와 관련된 말들은 또 있어요. 육체 노동자는 blue-collar(푸른 깃) worker라고 하는데, 주로 공장의 작업복이 파란색이었던 데서 유래했습니다. 주식 시장에서 우량기업이나 주식은 blue chip(푸른 칩)이라고 표현하는데, 이는 포커 게임에서 파란색 칩이 가장 점수가 높았던 데에서 유래했습니다.

1. 'blue blood'라는 표현은 어떻게 생겨났고, 지금은 어떤 뜻으로 쓰이나요?

① 피가 진짜로 파랗게 변하는 병에서 유래해, 병약한 사람을 뜻한다.
② 푸른색 피를 가진 상상 속 동물에서 유래해, 신비로운 존재를 뜻한다.
③ 피부가 희고 정맥이 푸르게 보이던 귀족들에서 유래해, 명문 가문 출신을 뜻한다.
④ 파란색 옷을 입은 군인들에서 유래해, 용감한 사람을 뜻한다.

2. 다음 문장을 읽고 맞으면 O, 틀리면 X 표시해 보세요.

① blue blood는 상류층이나 귀족 혈통을 가진 사람을 가리키는 표현이다. ☐
② blue blood라는 표현은 미국에서 생겨난 속어로, 피부색과는 아무 관련이 없다. ☐
③ 드라마에서 부유한 가문 출신 인물을 소개할 때, 그는 blue blood라고 말할 수 있다. ☐

3. 만약 내가 푸른 피를 가진 귀족이라면, 나는 어떤 특별한 모습을 가지고 있을까요? 상상해서 써 보세요!

• 나의 특별한 모습은? _____
• 내가 가진 자랑거리는? _____
_____
• 친구들에게 하고 싶은 말은? _____
_____

blow hot and cold
035 변덕이 심하다, 주관이 없다

뜨거운 숨과 차가운 숨, 그 이름은 변덕쟁이!

　blow hot and cold는 글자 그대로 풀이하면 '뜨겁게 불다가 차갑게 불다'라는 뜻입니다. 이 표현은 줏대 없이 변덕을 부린다는 의미인데, 『이솝Aesop 우화』에 나오는 '사람과 사티로스'라는 이야기에서 유래했습니다.

　아주 오래전 옛날, 눈보라가 거세게 몰아치는 추운 겨울날 한 나그네가 인적이 드문 깊은 산속에서 길을 잃은 채 헤매고 있었습니다. 상반신은 사람, 하반신은 말인 사티로스가 때마침 나그네를 발견하고 가엾게 여겨 자기 집으로 데려갔습니다.

　사티로스의 집 안으로 들어가자마자 나그네는 호호 입김을 불어 꽁꽁 언 두 손을 녹였습니다. 그 모습을 지켜본 사티로스가 궁금해서 물었더니 나그네는 시린 손을 따뜻하게 하려고 그러는 것이라고 대답했습니다. 잠시 후 사티로스가 따뜻한 수프를 먹으라고 내오자, 이번에도 나그네는 수프를 후후 불었습니다. 그 모습을 본 사티로스가 신기해서 이유를 물었습니다. 나그네는 뜨거운 수프를 식히려고 그러는 것이라고 대답했습니다. 그러자 사티로스는 놀라서 외쳤습니다. "어떻게 한 입으로 더운 숨과 차가운 숨을 내쉬는 행동을 할 수 있단 말인가?" 그러면서 그렇게 이중적인 모습을 보이는 나그네를 믿을 수 없다며 집에서 쫓아냈습니다.

　이 이야기에서 유래한 blow hot and cold는 일관성 없이 변덕스럽게 행동하는 경우를 비유적으로 표현하는 말이랍니다.

1. 다음 설명 중 'blow hot and cold'의 의미와 유래에 대해 올바른 것을 고르세요.

① 변하지 않는 일관된 태도를 의미하며 신뢰할 수 있는 사람에게 쓰인다.
② 마음이나 태도가 자주 변하고 일관성이 없다는 의미로, 사티로스 이야기에서 유래한다.
③ 감정을 드러내지 않는 태도를 나타내며, 감정을 억누르는 사람에게 사용된다.
④ 항상 뜨겁고 열정적으로 반응하는 성격을 의미한다.

2. 다음 중 blow hot and cold라는 표현이 가장 잘 어울리는 상황은?

① 친구가 점심으로 치킨을 먹자고 해 놓고 갑자기 짜장면이 먹고 싶다고 했다.
② 가족 여행에서 아버지가 여행 일정을 미리 정리해 프린트해 왔다.
③ 한 학생이 매일 아침 같은 시간에 일어나 꾸준히 운동을 한다.
④ 동생이 좋아하는 게임 캐릭터를 직접 그려 선물했다.

3. 여러분은 누군가가 말이나 행동을 자꾸 바꿀 때 어떤 기분이 드나요? 그런 사람이랑 함께 지낼 때 어떤 점이 어려울까요?

_____

_____

_____

> **Tip**
> 사티로스는 그리스 신화에 나오는 반인반수의 정령으로 말처럼 생긴 귀와 꼬리가 달려 있습니다. 술과 음악을 즐기며 흥이 많고, 여성을 유혹하는 모습으로 나옵니다. 자연과 야생의 수호자이며, 때로는 농사와 포도주의 신 디오니소스와 함께 다니기도 합니다. 때로 사티로스는 인간의 본능과 자연의 자유를 상징합니다.

036 break a leg
행운을 빌어, 잘해 봐, 파이팅

다리를 부러뜨려야 행운이 온다고?

중요한 일을 앞둔 사람에게 행운을 빌어줄 때 break a leg라는 말을 씁니다. 글자 그대로 풀이하면 '다리를 부러뜨려라.'라는 무서운 뜻인데, 행운을 빌어주는 표현이라는 게 좀 이상하죠? 옛날에 연극 개막 전날에 공연을 앞둔 배우에게 자주 쓴 이 표현은 행운을 빌어주면 오히려 연극을 망친다는 미신에서 비롯되었습니다.

이 표현의 유래에 관해서는 여러 가지 설이 있는데, 첫 번째 설은 고대 그리스의 연극과 관련이 있습니다. 그리스에서는 연극을 보던 사람들이 너무 좋으면 발을 구르며 환호했다고 합니다. 때로는 너무 심하게 구르다 실수로 다리를 다치는 경우도 있었답니다. 그래서 관객들의 열정적인 반응을 바라는 마음에서 다리를 부러뜨리라고 외쳤다는 데서 유래했다고 합니다.

또 다른 설은 로마 시대의 검투사들과 관련이 있습니다. 로마 시대에 검투사들은 한쪽이 죽을 때까지 목숨을 걸고 싸웠는데, 관중들이 '다리를 부러뜨려라'라고 외치면 패자를 죽이지 말고 살려주자는 의미였다고 해요.

마지막 설은 16세기 영국의 엘리자베스 여왕 시대와 관련이 있습니다. 당시에는 연극이 성공하면 관객의 박수갈채에 배우가 무대에 나와 무릎을 꿇고 인사를 했습니다. 따라서 '다리를 부러뜨려라'는 사실상 '무릎을 굽히라'라는 뜻으로 성공을 기원하는 표현이 되었습니다. 이런 의미가 점차 확장되어 지금은 '잘해 봐'라며 격려하는 말로도 쓰인답니다.

> **Tip**
> break a leg 외에도, 영어에는 행운을 빌 때 쓰는 표현이 많아요. 가장 흔히 쓰는 표현은 good luck이고, 이보다 좀 더 정중하고 따뜻한 느낌의 말은 best of luck이에요. 또 손가락을 꼬며 행운을 비는 모습에서 나온 fingers crossed는 '잘 되길 바란다'는 뜻이고, 발표나 공연을 앞두고 격려할 때 자주 쓰는 knock 'em dead는 '멋지게 해치워! 멋지게 보여줘!'라는 뜻입니다.

1. **break a leg이라는 표현은 어떻게 '행운을 빌어'라는 뜻이 되었을까요?**

① 연극을 망치지 않으려고 일부러 나쁜 말을 해 준 미신에서 시작되었다.
② 배우들이 자주 다쳐서 그런 말을 습관처럼 하게 되었다.
③ 운동 경기 전에 부상을 걱정하는 말로 쓰이기 시작했다.
④ 무대 뒤에서 진짜로 다쳤던 배우의 이야기에서 비롯되었다.

2. **아래 단어와 뜻을 잘 읽고, 알맞게 선을 그어 보세요.**

고대 그리스 시대 •   • ① 관객이 발을 구르며 환호하던 연극 전통에서 유래

로마 시대 검투사 •   • ② 무릎을 꿇고 인사하는 관습에서 비롯된 격려의 표현

엘리자베스 여왕 시대 •   • ③ 패자를 죽이지 말고 살려달라는 관중의 외침

break a leg •   • ④ '행운을 빌어'라고 말하면 오히려 불운이 온다는 미신
                                      에서 유래된 말

3. **누군가 여러분에게 "break a leg!"이라고 말했다면 어떤 기분이 들었을까요?**

• 처음 기분은? _____

• 뜻을 알고 난 후의 기분은? _____

• 여러분도 누군가에게 이 표현을 써 본다면 언제 쓰고 싶을까요? _____

_____

_____

정답 1. ① 2. ①-③-②-④ 3. (예시) 무서운 말을 해서 놀랐어요. / 아 그럼 뜻이구나 이상했어요. 재밌고 신기했어요. / 친구가 발표 하거나 공연하기 전에 응원을 하고 싶을 때

037 break the ice
어색한 분위기를 풀다

첫 만남의 마법, 얼음을 깨다

글자 그대로 풀이하면 '얼음을 깨다'라는 뜻의 영어 표현 break the ice의 속뜻은 '어색한 분위기를 풀다'입니다. 이 표현은 실제로 얼음을 깨는 역사적인 배경에서 유래했습니다.

옛날에는 도시들이 교역을 위해 주로 강이나 바다 근처에 건설되었습니다. 항구를 통해 물자들을 쉽사리 실어 나르기 위해서였습니다. 그런데 겨울이 되면 강이나 바다가 얼어붙어 배가 다닐 수 없었습니다. 그래서 귀중한 화물을 실은 큰 배들이 드나들 수 있도록 얼음을 깨는 쇄빙선이 개발되었습니다. 쇄빙선이 앞장서서 얼음을 깨면 다른 배들이 뒤따라 안전하게 항해할 수 있었습니다. 이처럼 '얼음을 깨는 작업'은 안전하고 원활한 항해가 가능할 수 있게 해주었습니다.

시간이 지나면서 '얼음을 깨다'라는 물리적 행위가 비유적으로 사용되기 시작했습니다. 즉, 사람들 사이의 어색함이나 긴장을 풀어주는 것을 '얼음을 깨는 일'에 비유한 것입니다. 마치 쇄빙선이 얼음을 깨고 길을 내듯이, 먼저 나서서 대화를 시작하거나 어색한 분위기를 풀어주는 것을 break the ice라고 표현하게 된 거예요.

오늘날 break the ice는 처음 만난 사람들과 어색한 침묵이 흐를 때 재미있는 이야기나 공통 관심사를 꺼내서 편안한 분위기로 만들어 대화를 시작한다는 의미로 쓰입니다.

1. break the ice라는 표현은 어떻게 '어색한 분위기를 풀다'는 뜻이 되었을까요?

① 사람들이 얼음을 먹으며 대화를 시작했기 때문이다.
② 얼음 조각을 나누며 친해지는 풍습이 있었기 때문이다.
③ 쇄빙선이 얼음을 깨서 배들이 지나갈 수 있게 한 데서 유래해, 어색한 분위기를 먼저 풀어준다는 뜻이 되었다.
④ 겨울에 춥다고 서로 몸을 부대끼며 친해졌기 때문이다.

2. 다음 중 break the ice라는 표현이 가장 잘 어울리는 상황은?

① 친구와 점심 메뉴를 고르며 가위바위보를 했다.
② 발표를 앞두고 떨리는 마음에 심호흡을 여러 번 했다.
③ 어색한 회의 자리에서 팀장이 유머를 던져 분위기를 풀었다.
④ 게임에서 졌다고 친구와 다퉜다.

3. 여러분이 처음 만나는 친구들과 어색했던 적이 있다면 떠올려 보세요.

• 어색했던 상황은 언제였나요? _____

• 그때 누가 먼저 분위기를 풀어줬나요? _____

• 여러분이 직접 분위기를 풀었던 적이 있다면 어떤 방법을 썼나요? _____

_____

_____

정답 1. ③ 2. ③ 3. (예시) 새 학기 첫날 반 친구들이랑 처음 만났을 때 / 옆자리에 앉은 친구가 먼저 "안녕, 나는"하고 말을 걸어왔어요. / 먼저 웃으며 인사하고 좋아하는 음식을 물어봤어요.

038 **bring home the bacon**
생계를 책임지다, 성공을 거두다

행복한 결혼의 징표, 베이컨 한 덩어리

글자 그대로 풀이하면 '집에 베이컨을 가져오다'라는 뜻의 영어 표현 bring home the bacon은 집안의 생계를 책임지거나 돈을 벌어오는 것을 의미합니다. 하지만, 이 표현이 생겨난 배경에는 재미있는 이야기가 숨어 있습니다.

이 표현의 기원은 12세기 영국의 작은 마을인 던모우Dunmow에서 시작되었다고 전해집니다. 당시 던모우를 다스리던 영주 부부는 결혼 1주년을 기념하여 신분을 속이고 평민 차림으로 수도원장을 찾아가 축복해 달라고 요청했습니다. 두 사람의 사랑에 감동한 수도원장이 베이컨 한 꾸러미를 선물로 주자 영주는 그제야 정체를 밝혔습니다. 그리고 앞으로 자신들처럼 금실이 좋은 부부에게 계속 상을 준다는 조건으로 많은 땅을 수도원에 기증했습니다. 그 이후로 이 마을에서는 행복한 결혼생활을 유지한 부부를 선정하여 상을 주고 베이컨 한 꾸러미를 선물하는 전통이 생겨났습니다. 이 베이컨을 집으로 가져가는 것은 부부의 행복한 결혼생활을 상징하는 것이었고, 마을 사람들에게 큰 자랑거리였습니다.

시간이 지나면서 이 표현은 의미가 확장되어 결혼생활뿐만 아니라, 생계를 책임지는 행위를 뜻하게 되었습니다. 산업 혁명 이후 일을 하여 가족을 부양하는 사람들이 점점 많아지면서, bring home the bacon은 가족을 부양하기 위해 돈을 번다는 의미로 쓰이기 시작했습니다.

1. bring home the bacon이라는 표현은 어떻게 생겨났을까요?

① 영국 왕이 생일에 백성들에게 베이컨을 나눠 준 데서 유래되었다.
② 금식하던 수도사들이 결혼한 사람에게 몰래 고기를 주며 생겨났다.
③ 오래도록 금슬 좋은 부부에게 베이컨을 상으로 주던 마을 전통에서 유래했다.
④ 베이컨을 많이 먹는 나라에서 부자가 많았기 때문이다.

2. 다음 문장을 읽고 맞으면 O, 틀리면 X 표시해 보세요.

① bring home the bacon은 '맛있는 음식을 집에 가져오는 것'을 의미하는 표현이다. ☐
② 아버지가 가족을 위해 열심히 일해 월급을 받는다면, 그는 bring home the bacon 한다고 말할 수 있다. ☐
③ 누나가 편의점에서 아르바이트해서 번 돈으로 가족 간식을 샀다면, bring home the bacon 했다고 말할 수 있다. ☐

3. 가족을 위해 무언가를 해 줬을 때 뿌듯했던 경험이 있나요?

• 무엇을 했나요? _____

• 그때 가족의 반응은 어땠나요? _____

• 여러분은 어른이 되면 어떤 방식으로 가족을 돕고 싶나요? _____

_____

정답 1. ③ 2. ① X, ② O, ③ O 3. (예시) 엄마가 아플 때 집안일을 대신했어요. / 고맙다고 하시고 많이 칭찬해 주셨어요. / 열심히 일해서 가족이 편하고 걱정 없이 지낼 수 있도록 하고 싶어요.

039 burning ears
귀가 간지러운, 누군가 내 얘기를 하고 있는

누가 내 얘기를 하면 귀가 타오른다고?

'귀가 간지럽다'는 말, 들어본 적 있나요? 누군가가 나에 대해 몰래 이야기하고 있을 때 쓰는 말이죠. 이를 영어로는 burning ears라고 하는데요, 왜 하필 귀가 탄다고 표현할까요? 이 말에는 고대 로마인들의 재미있는 생각이 반영되어 있습니다.

아주 오래전, 고대 로마인들은 사람의 몸이 다양한 감정이나 마음을 드러내는 거울이라고 생각했습니다. 특히 사람의 신체 중에서도 귀는 특별한 역할을 하여 영혼이 드나드는 문이라고 여겼습니다. 그래서 누가 나에 대해 이야기하면 귀가 뜨거워진다고 생각했답니다. 마치 귀를 통해 다른 사람의 마음을 느낄 수 있다고 믿었던 거죠.

로마의 박물학자 플리니우스Plinius는 『자연사Natural History』라는 책에서, "누군가가 당신에 대해 이야기하면 귀가 뜨거워질 것이다."라고 주장했습니다. 그는 귀를 통해 사람들이 영적으로 연결되어 있기 때문에 이런 현상이 발생한다고 생각했습니다. 특히 왼쪽 귀가 뜨거우면 나쁜 소리를 하고 있는 것이고, 오른쪽 귀가 뜨거우면 좋은 소리를 하고 있는 것이라고 생각했습니다.

이런 믿음이 오랜 시간 동안 사람들에게 널리 퍼지면서, burning ears는 누군가가 나에 대해 이야기하고 있을 때 쓰는 말이 되었습니다. 비록 과학적으로 증명된 것은 아니지만, 이 표현은 그만큼 사람들 사이의 감정적 교류와 직감을 잘 보여주는 말이기도 합니다.

> **Tip**
> burning ears처럼 몸의 느낌을 이용해 감정을 표현하는 말이 또 있어요. 긴장되거나 가슴이 두근거릴 때에는 butterflies in one's stomach(배 속에 날아다니는 나비), 겁이 나서 망설일 때에는 cold feet(얼어붙은 발), 깜짝 놀라거나 너무 떨릴 때에는 one's heart in one's mouth(입에 걸린 심장)라고 해요.

1. 누가 내 이야기를 하고 있을 때 '귀가 뜨거워진다(burning ears)'는 표현은 어디에서 유래했을까요?

① 고대 로마인들이 귀를 영혼이 드나드는 문이라 여겼기 때문에
② 귀가 자외선에 민감하다는 과학적 근거가 있기 때문에
③ 중세 시대 귀 치료사가 만든 말이기 때문에
④ 누군가가 크게 외치면 귀가 진동한다는 속설에서 비롯되었기 때문에

2. 아래 단어와 뜻을 잘 읽고, 알맞게 선을 그어 보세요.

오른쪽 귀가 뜨거움 •   ① 누군가가 내 이야기를 할 때, 귀가 간질거리거나 뜨거워
burning ears •   지는 느낌
플리니우스 •   ② 『자연사』라는 책에서 귀와 감정, 말에 대해 쓴 고대 학자
왼쪽 귀가 뜨거움 •   ③ 누군가가 좋은 이야기를 하고 있다는 뜻
                            ④ 누군가가 나쁜 이야기를 하고 있다는 뜻

3. 누군가가 나에 대해 이야기하고 있을 때 귀가 뜨거워진다는 표현에 대해 어떻게 생각하나요?

_____

_____

_____

정답 1. ① 2. ③-①-②-④ 3. (예시) 사람들이 나에 대해 이야기할 때, 집중 듣지 않아도 느낌으로 는 등 알 수 있다는 표현이 흥미롭다고 신기했어요.

040 comedy
코미디, 희극

코미디, 웃음과 축제의 만남

영화나 드라마 장르 중 하나인 '코미디'. 우리에게 웃음을 선사하는 코미디의 역사는 의외로 무척 오래되었습니다. 영어 단어 comedy는 그리스어로 '축제'를 뜻하는 kōmos와 '노래'를 뜻하는 ōidé가 합쳐진 코모이디아kōmōidía에서 유래했습니다.

고대 그리스에서 kōmos는 술을 마시고 춤추며 노래하는 축제 행렬을 의미했습니다. 모든 사람이 거리로 나와 즐기며, 삶의 기쁨을 만끽하는 시간이었죠. 말 그대로 '축제의 노래'였던 kōmōidía는 시간이 지나면서 사람들에게 즐거움을 주는 유머 넘치는 공연을 가리키는 말로 변했습니다. 그런데 단순히 사람들을 웃기는 데 그치지 않고 정치인이나 사회 지도층을 풍자하고 비판하는 중요한 역할을 했습니다.

그리스의 희극작가 아리스토파네스Aristophanes는 작품을 통해 정치인들을 비판하며 사회 문제를 날카롭게 비판했습니다. 사람들에게 웃음을 선사하면서도 진지한 메시지를 전달했던 거죠.

중세 시대에는 광대들이 길거리에서 재미있는 이야기와 익살스러운 행동으로 사람들을 웃겼습니다. 이들의 코미디는 주로 서민의 삶을 소재로 삼거나 귀족이나 성직자를 풍자하는 내용이 많았습니다. 현대에는 영화, 드라마, 개그 프로그램 등 다양한 형태로 발전하며 웃음과 즐거움을 안겨주지만, 그 뿌리에는 축제와 풍자의 정신이 담겨 있습니다.

1. 'comedy'는 어떤 말에서 유래되었고, 원래 어떤 의미를 담고 있었나요?

① 고대 그리스의 축제와 노래에서 유래되어, 웃기기만 하는 이야기였다.
② 고대 그리스의 슬픈 이야기에서 유래되어, 눈물 나는 연극을 뜻했다.
③ 고대 로마의 군사 훈련에서 유래되어, 행동을 익살스럽게 표현한 말이다.
④ 고대 그리스의 축제와 노래에서 유래되어, 사람들을 웃기고 풍자하는 공연이었다.

2. 다음 중 comedy라는 단어와 가장 잘 어울리는 상황은?

① 역사적인 인물의 전기를 다룬 다큐멘터리를 시청했다.
② 배우들이 무대 위에서 진지하게 법정 장면을 연기했다.
③ 주인공이 바나나껍질을 밟고 넘어진 뒤 모두가 웃음을 터뜨렸다.
④ 뉴스 진행자가 조용한 목소리로 사건을 차분하게 전달했다.

3. 여러분이 직접 코미디 공연을 만든다면 어떤 이야기를 하고 싶나요?

• 공연 제목 _____

• 누가 주인공인가요? _____

• 어떤 장면이 가장 웃길 것 같나요? _____

• 이 공연을 누구에게 보여주고 싶나요? _____

_____

_____

정답 1. ④ 2. ③ 3. (예시) 공연 제목 신데렐라의 이상한 하루 / 주인공 신데렐라 / 웃긴 장면 난쟁이 이상한이 풍선을 잘못 터뜨려서 모두 깜짝 놀라는 장면 / 보여 줄 때 우리 반 친구들

dirty, 단순한 더러움에서 복잡한 감정으로

041 dirty 더러운

'더럽다'를 나타내는 영어 단어 dirty는 중세 영어 dritty에서 유래했습니다. dritty는 '똥'을 뜻하는 고대 영어 drit에서 파생되어 처음에는 '똥처럼 지저분한'이라는 뜻으로 쓰였습니다. 시간이 흐르면서 dritty는 형태가 바뀌어 dirty가 되었고, 의미도 확장되어 단순히 '똥'과 관련된 더러움뿐만 아니라, 일반적으로 지저분한 상태나 좋지 않은 상황을 가리키게 되었습니다.

그 과정에서 dirty는 물리적으로 더러운 상태뿐만 아니라, 비유적인 의미로도 사용되기 시작했습니다. 예를 들어, dirty work는 남들이 꺼리는 힘들고 어려운 일을 가리키게 되었고, dirty look은 불쾌한 감정이 담긴 눈초리를 의미하게 되었죠.

이처럼 dirty는 단순히 외적인 지저분함을 넘어, 부정적 감정이나 상황을 표현하는 단어로 발전했습니다.

dirty는 시간이 흐르면서 다양한 문화적 표현에도 녹아들었습니다. 예를 들어, dirty play는 비열하게 행동하거나 속임수를 쓰는 반칙을 의미하고, 글자 그대로 풀이하면 '더러운 빨래'라는 뜻의 dirty laundry는 남들에게 알리고 싶지 않은 '개인적인 비밀'을 뜻합니다. 이처럼 dirty는 단순한 의미에서 여러 겹의 의미를 지닌 말로 발전하며 다양한 의미로 쓰이게 되었습니다.

1. 'dirty'라는 단어의 어원과 의미 변화에 대해 바르게 설명한 것은?

① dirty는 '먼지'라는 라틴어에서 비롯되어 건조한 지역을 뜻했다.
② dirty는 처음부터 비유적 표현으로 만들어진 단어였다.
③ dirty는 '똥'을 뜻하는 단어에서 유래되어, 점차 지저분하거나 부정적인 의미로 확장되었다.
④ dirty는 본래 정직함을 뜻했지만 반어적으로 쓰이기 시작했다..

2. 다음 문장을 읽고 맞으면 ○, 틀리면 × 표시해 보세요.

① dirty는 원래 '똥처럼 지저분한'이라는 뜻에서 시작되었다. ☐
② 친구에게 dirty look을 보인다는 건, 기분 좋다는 뜻이다. ☐
③ 운동장에서 넘어져 옷에 흙이 묻었을 때 "I got dirty"라고 말할 수 있다. ☐

3. dirty라는 단어가 단순한 더러움에서 감정이나 상황을 표현하는 말로 발전한 걸 보고 어떤 생각이 들었나요?

_____

_____

_____

042 give the cold shoulder
냉대하다, 쌀쌀맞게 대하다

손님을 쫓으려면 식은 고기를 주라고?

영어 표현 give the cold shoulder는 글자 그대로 풀이하면 '차가운 어깨를 주다'라는 뜻이지만 누군가를 무시하거나 쌀쌀맞게 대하는 것을 의미합니다. 이 표현의 기원을 따라가 보면, 중세 유럽의 환대 문화와 관련이 있습니다.

옛날에는 손님을 따뜻하게 맞이하는 것이 관례였으므로, 손님이 불쑥 찾아와도 주인은 따뜻한 음식과 편안한 자리를 제공하는 것이 일반적이었습니다. 특히 오븐에서 갓 구워낸 뜨거운 고기구이나 요리는 환대의 상징이었습니다. 하지만 그다지 반가운 손님이 아니거나 너무 오래 머무는 것이 달갑지 않으면 주인은 이를 아주 미묘한 방식으로 드러냈습니다. 바로 식어버린 차가운 고기, 특히 양이나 돼지의 어깨 부위를 내어주는 것이었어요.

당시 고기 부위 중에서 어깨살은 좋은 부위가 아니었는데, 그것마저도 식어버린 상태로 내어준다면, 그 의미는 명확했습니다. 즉 '찾아온 것이 달갑지 않으니 오래 머물지 말고 빨리 일어나라'고 재촉하는 동시에 '다시는 찾아오지 말라'  는 암시였습니다. 시간이 흐르면서 이러한 환대 문화는 변했지만, give the cold shoulder라는 표현은 남아 여전히 누군가를 쌀쌀맞게 대하거나 무시한다는 뜻으로 사용되고 있습니다.

1. 'give the cold shoulder' 표현은 어떤 행동에서 유래한 말일까요?

① 춥게 어깨를 돌리고 인사하지 않아서
② 상대방에게 차가운 어깨 고기를 내어주던 관습에서
③ 어깨를 다쳐 찬찜질하던 중 실수로 한 말에서
④ 겨울철 어깨에 담요를 던져 주던 풍습에서

2. 아래 단어와 뜻을 잘 읽고, 알맞게 선을 그어 보세요.

give the cold shoulder •   • ① 손님에게 차가운 고기 어깨살을 내어주던 중세 유럽의 관습
환대의 상징 •
차가운 어깨 고기 •   • ② 오븐에서 갓 구운 따뜻한 고기
현대 의미 •   • ③ 반갑지 않은 손님에게 주던 신호
    • ④ 누군가를 무시하거나 쌀쌀맞게 대하는 태도

3. 이 표현이 음식에서 유래되었다는 걸 알게 된 후, 어떤 생각이 들었나요?

_____

_____

_____

043　green eyed monster
질투심, 시기

질투하는 사람의 피부는 초록색?

'초록 눈의 괴물'이라는 뜻의 영어 표현 green eyed monster는 강렬한 질투를 나타내는 말입니다. 그렇다면 어떻게 해서 '초록 눈의 괴물'이 질투를 나타내는 말로 쓰이게 된 걸까요?

흥미롭게도 이 표현은 영국의 유명한 극작가 윌리엄 셰익스피어William Shakespeare가 만들어낸 말입니다. 1596년 『베니스의 상인』에서 green eyed jealousy(초록 눈의 질투)라는 표현을 쓴 셰익스피어는 1604년 작품 『오셀로』에서는 아예 jealousy 대신 monster를 썼습니다. 이 작품에서 이아고는 오셀로에게 질투를 경계하라고 경고하면서 "질투는 자신을 잡아먹는 초록 눈의 괴물"이라고 묘사합니다. 이아고의 이 말은 오셀로가 아내인 데스데모나를 의심하게 만드는 계기가 되어 결국 비극적인 결말을 초래합니다. 셰익스피어는 green eyed monster라는 표현을 통해 질투가 인간의 마음을 어떻게 파괴하는지 생생히 보여주었습니다.

그렇다면 왜 질투를 초록색과 연결했을까요? 이는 고대 그리스 시대부터 이어져 온 색깔에 대한 상징과 관련이 있습니다. 고대 그리스인들은 질투나 시기심에 사로잡히면 몸이 쇠약해지면서 피부색이 초록빛으로 변한다고 믿었습니다. 즉, 초록색은 질투나 질병, 불쾌한 감정 등과 연관되어 부정적인 의미를 지니는 색깔이었던 것입니다. 셰익스피어는 이러한 문화적 배경을 바탕으로 질투를 '초록 눈의 괴물'이라는 강렬한 이미지로 표현한 것입니다.

> **Tip**
> green에 꼭 부정적 의미만 있는 것은 아닙니다. 신호등의 파란불처럼 '허가'를 의미하는 green light, '친환경 에너지'를 의미하는 green energy 등에서 볼 수 있듯이 긍정적으로도 쓰입니다.

1. 질투를 나타내는 말 green eyed monster는 어떻게 만들어졌을까요?

① 셰익스피어가 연극에서 처음 썼기 때문에
② 초록 눈을 가진 괴물이 실제로 존재했기 때문에
③ 고대 이집트에서 초록색 눈이 위험하다고 여겨졌기 때문에
④ 초록색은 항상 행운을 뜻하기 때문에

2. 다음 중 green eyed monster라는 표현이 가장 잘 어울리는 상황은?

① 친구가 새로 산 자전거를 자랑하자, 나는 괜히 기분이 상하고 부러웠다.
② 친구와 함께 마트에 가서 장을 보고 즐겁게 간식을 나눠 먹었다.
③ 길을 걷다가 우연히 새끼 고양이를 발견해 집으로 데려왔다.
④ 시험 공부를 마치고 친구와 도서관에서 조용히 책을 읽었다.

3. 여러분도 누군가를 질투하거나 부러워한 적이 있나요?

• 언제 그런 기분이 들었나요? _____

• 어떻게 했나요? _____

• 앞으로는 어떻게 해야겠다고 생각했나요? _____

_____

_____

정답 1. ① 2. ① 3. (예시) 친구가 상을 받았을 때 나도 속으로 질투가 났지만 부러웠어요. / 속으로 질투가 났지만 겉으로는 축하해 줬어요. / 나도 열심히 노력하지 다짐했어요.

044 **guy**
사람, 남자

반란의 아이콘에서 평범한 남자로, guy의 변신

흔히 '남자'를 뜻하는 영어 단어 guy의 어원은 17세기 초 영국에서 일어난 역사적인 사건과 깊은 관련이 있습니다.

1605년, 영국에서는 가톨릭 신자들이 의사당에서 화약을 터뜨려 영국 국왕 제임스 1세와 의원들을 암살하려는 음모를 꾸몄습니다. 이를 '화약 음모 사건'이라고 부르는데, 이 음모의 주동자 중 한 명이 바로 가이 포크스Guy Fawkes였습니다. 당시 영국은 국교회만을 믿을 것을 강요하며 가톨릭 신자들을 박해했기 때문에, 가톨릭 신자들은 이에 반발하여 극단적인 방법을 선택했던 것입니다. 하지만 음모가 미리 발각되어 가이 포크스 일당은 모두 체포되어 처형되었습니다. 의회가 이를 기념하여 11월 5일을 감사절로 정하자, 영국인들은 이날을 '가이 포크스의 날'로 부르며 축제를 벌였습니다. 또한 가이 포크스의 모습을 본뜬 인형을 불태우며 음모가 실패한 것을 기념했는데, 이 인형을 가리켜 guy라고 불렀습니다.

처음에는 단순히 가이 포크스를 조롱하기 위해 사용되었던 guy는 시간이 지나면서 의미가 변했습니다. 19세기 말에는 미국에서 더 널리 사용되면서 '남자'를 뜻하는 일반적인 말이 되었습니다. 오늘날 guy는 '남자'라는 뜻 외에도 남녀 구분 없이 '사람'을 포괄적으로 가리키기도 합니다. 또한 친근한 사이에서 서로를 부르는 호칭으로도 사용됩니다.

1. 다음 중 'guy'라는 단어의 어원과 의미 변화 과정을 가장 정확하게 설명한 것은 무엇인가요?

① '남자'를 뜻하는 라틴어 vir에서 유래된 단어로, 고대 로마 시대부터 사용되었다.
② 가톨릭 성직자를 지칭하던 단어에서 유래했으며, 종교개혁 이후 미국에서 확산되었다.
③ 화약 음모 사건의 주동자 가이 포크스를 본떠 만든 인형에서 유래했으며, 점차 '남자'를 뜻하는 일반적 단어로 바뀌었다.
④ 프랑스 혁명 당시의 'guyot(민중)'에서 유래된 말로, 대중적인 호칭으로 변했다.

2. 다음 문장을 읽고 맞으면 ○, 틀리면 × 표시해 보세요.

① guy라는 단어는 처음부터 '남자'를 뜻하는 말이었다. ☐
② 영어에서 "Hey guys!"라고 하면 친구들을 친근하게 부르는 말이다. ☐
③ guy는 영국에서 한 인물을 본뜬 인형에서 유래되었다. ☐

3. 예전에는 조롱의 뜻이던 단어 guy가 지금은 '사람'이라는 뜻으로 바뀌었어요. 그렇다면, 어떤 단어가 앞으로 새로운 뜻으로 바뀔 수 있을지 상상해 보세요!

- 단어 _____

- 바뀐 뜻은? _____

- 왜 그렇게 생각했나요? _____

_____

_____

045 lion's share
알짜배기, 제일 좋은 몫

승자독식의 아이콘은 바로 사자

글자 그대로 풀이하면 '사자의 몫'이라는 뜻의 영어 표현 lion's share는 '제일 좋은 몫'을 나타낼 때 쓰는 표현입니다. 이 말의 기원은 아주 오래전 고대 그리스의 『이솝 우화』에 나오는 한 이야기에서 유래했습니다.

어느 날 사자와 당나귀, 그리고 여우가 함께 사냥에 나섰습니다. 발 빠른 당나귀와 꾀 많은 여우가 먹잇감을 찾아내 꾀어내면 힘센 사자가 나타나 날카로운 발톱으로 낚아챘습니다. 그렇게 사냥에 성공하여 많은 먹잇감을 얻자 다들 기쁨에 들떴습니다. 사자가 당나귀에게 먹잇감을 나누라고 시키자, 당나귀는 똑같이 셋으로 나누었습니다. 여우는 만족했지만, 자기 몫이 적다고 생각한 사자는 화가 나서 당나귀를 잡아먹었습니다.

이번에는 여우에게 먹잇감을 나누라고 하자, 겁에 질린 여우는 대부분을 사자에게 주고 자기 몫은 조금만 남겨 두었습니다. 여우의 처신이 마음에 든 사자는 어떻게 그렇게 공평하게 나눌 수 있었는지 물었습니다. 여우는 슬슬 꽁무니를 빼며 당나귀에게 배웠다고 대답했습니다.

이 이야기에서 유래한 lion's share는 처음에는 힘이 센 자가 가장 큰 몫을 차지한다는 의미로 사용되었습니다. 하지만 시간이 지나면서 단순히 많은 양을 넘어, 가장 좋은 것, 가장 중요한 것을 의미하는 표현으로 확장되었습니다. 특히, 불공정한 분배나 권력 남용을 비판하는 상황에서 자주 사용됩니다.

1. 다음 중 'lion's share'라는 영어 표현의 어원과 의미 변화에 대해 가장 잘 설명한 것은 무엇인가요?

① 사자들이 무리를 지어 사냥하는 습성에서 비롯되어, 함께한 자들이 동등한 몫을 나눈다는 의미로 쓰였다.
② 고대 로마의 법률 문헌에서 유래된 표현으로, 공정한 분배의 상징으로 사용되었다.
③ 고대 그리스 『이솝 우화』에서 유래되었으며, 처음에는 힘센 자가 가장 큰 몫을 차지한다는 뜻이었으나, 이후 '가장 좋은 것'을 뜻하는 표현으로 확장되었다.
④ 사자가 사냥에서 얻은 가장 질 좋은 고기를 의미했던 실용 표현이었으며, 시간이 지나면서 무조건적인 탐욕을 뜻하게 되었다.

2. 아래 단어와 뜻을 잘 읽고, 알맞게 선을 그어 보세요.

lion's share •   ① 눈치를 보고 자기 몫을 아주 조금만 가져간 동물
당나귀 •   ② 교훈이 담긴 옛날 이야기, 이 표현의 출처
여우 •   ③ 가장 좋은 것, 가장 큰 몫
『이솝 우화』 •   ④ 공평하게 나눴지만 사자에게 잡아먹힌 동물

3. 오늘날에도 누군가가 lion's share를 가져가는 상황이 있어요. 이런 상황을 본 적이 있나요? 또는 이런 상황을 상상해 보세요.

• 상황 _____

• 어떤 기분이 들었나요? _____

정답 1. ③ 2. ③-④-①-② 3. (예시) 팀 친구들과 단체 과제를 했는데 아들 친구가 잘표를 거의 다 혼자 했다고 선생님께 말했어요. / 우리가 같이 열심히 준비했는데, 다른 사람이 빼앗은 느낌이라 속상했어요.

**046 lotus eater
몽상가**

로터스의 유혹, 현실을 잊게 하는 달콤한 환상

글자 그대로 풀이하면 '로터스를 먹는 사람'이라는 뜻의 영어 lotus eater는 현실에서 도피하고 싶어 하는 사람이나 게으르고 나태한 사람을 비유적으로 표현할 때 사용하는 말입니다. 이 표현의 기원은 고대 그리스 신화로 거슬러 올라갑니다.

lotus eater는 호메로스의 서사시 『오디세이아』에서 유래했습니다. 오디세우스는 트로이 전쟁이 끝난 후 부하들과 함께 고향으로 돌아가는 길에 낙원과도 같은 섬에 들르게 됩니다. 그곳 사람들은 로터스라는 신비한 연꽃의 열매를 먹고 살았습니다. 이 연꽃에는 강렬한 향기와 함께 황홀한 환각 작용을 일으키는 성분이 들어있어, 이 열매를 먹은 사람들은 모든 걱정과 근심을 잊은 채, 현실에서 벗어나 나태한 행복감에 빠져들었습니다. 오디세우스의 부하들도 로터스 열매를 먹고는 고향으로 돌아가고 싶은 마음을 완전히 잊어버린 채 섬에 남아 평생을 보내고 싶어 했습니다. 결국 오디세우스는 이들을 강제로 배에 태운 뒤에야 겨우 섬을 떠날 수 있었습니다.

이 이야기에서 유래한 lotus eater는 현실을 외면하고 달콤한 환상에 빠져 사는 사람을 가리키는 말로 쓰이게 되었습니다. 현대에서는 종종 누군가가 해야 할 일을 미루고 편안한 삶에 안주하려 할 때 이 표현을 자주 사용합니다

> **Tip**
> 호메로스Homer는 고대 그리스의 서사시 작가로, 서양 문학의 아버지로 불립니다. 트로이 전쟁과 그 이후의 이야기를 다룬 서사시 『일리아드Iliad』와 『오디세이아Odyssey』를 남겼습니다. 『일리아드』는 트로이 전쟁 중에 일어난 사건과 아킬레우스라는 영웅의 분노와 비극을, 『오디세이아』는 오디세우스가 고향으로 돌아가는 여정을 그립니다. 두 작품 모두 신화, 역사, 영웅담을 아름다운 시로 엮어내 후대의 문학가들에게 큰 영감을 주었습니다.

1. 다음 중 'lotus eater'라는 표현의 유래와 의미를 가장 잘 설명한 것은 무엇인가요?

① 고대 이집트에서 신성한 꽃으로 여겨진 로터스를 숭배한 사람들을 가리키며, 영적 수련자라는 의미로 쓰였다.
② 고대 그리스의 오디세우스 신화에서 유래되었으며, 현실을 도피하고 나태함에 빠진 사람을 비유하는 말이 되었다.
③ 로마 제국 말기에 등장한 은둔주의자들을 가리키는 말로, 금욕적 생활을 뜻했다.
④ 연꽃이 물 위에 떠 있는 모습에서 착안한 표현으로, 자유롭고 독립적인 사고를 가진 사람을 뜻했다.

2. 다음 중 lotus eater라는 표현이 가장 잘 어울리는 상황은?

① 시험 준비는커녕 하루 종일 소파에 누워 게임만 하며 시간을 보냈다.
② 친구와 약속한 시간을 지키기 위해 서둘러 집을 나섰다.
③ 어려운 문제를 해결하기 위해 친구들과 머리를 맞대고 토론했다.
④ 새로 산 운동화를 신고 신나게 뛰어놀았다.

3. 'lotus'는 현실을 잊게 만드는 환상의 열매였어요. 여러분에게 현실을 잠시 잊게 만들 만큼 행복하게 해주는 '로터스' 같은 것이 있다면 무엇인가요?

• 나만의 로터스는? _____

• 왜 그것이 여러분을 그렇게 행복하게 하나요? _____

_____

정답 1. ② 2. ① 3. (예시) 게임 속 판타지 세계 / 마법과 모험이 가득해서 / 현실을 잠시 잊을 수 있으니까!

047 mentor
스승, 멘토

신화 속에서 시작된 특별한 만남, 멘토

'스승' 또는 '조언이나 충고를 해주는 사람'이라는 뜻의 영어 단어 mentor는 오래전 그리스 신화에 나오는 멘토르Mentor에서 유래했습니다.

멘토르는 호메로스의 서사시 『오디세이아』에 나오는 인물입니다. 트로이 전쟁에 참전하기로 결심한 오디세우스는 전쟁터로 떠나면서 믿을 수 있는 친구 멘토르에게 아들 텔레마코스를 돌봐달라고 맡깁니다. 멘토르는 오디세우스가 없는 동안 텔레마코스를 훌륭한 사람으로 키우기 위해 열심히 가르치며 지혜와 조언을 아끼지 않았습니다.

흥미롭게도, 멘토르는 단순히 오디세우스의 친구로만 나오지 않습니다. 이야기 속에서 때로는 아테나 여신이 멘토르로 변신해 텔레마코스를 도와주기도 합니다. 텔레마코스가 용기를 잃지 않도록 격려하고 지혜를 주며 아버지 오디세우스를 찾아 나서도록 이끌어 주었습니다. 따라서 멘토르는 단순한 인간이 아니라, 신의 지혜와 힘을 빌어 텔레마코스를 도와주는 아주 특별한 존재였습니다.

이렇게 신화 속 인물 멘토르에서 유래한 mentor는 단순한 스승을 넘어 제자의 성장을 위해 모든 것을 다 바치는 존재를 뜻하게 되었습니다. 지금도 mentor는 단순히 지식을 가르쳐 주는 사람뿐만 아니라, 지혜로운 조언자나 인생의 길잡이가 되어 주는 현명한 사람을 뜻합니다.

1. 아래 중 mentor라는 단어가 어떻게 지금의 의미로 사용되게 되었는지 가장 잘 설명한 것은 무엇인가요?

① 오디세우스의 아들 이름이 mentor였기 때문에 생긴 말이다.
② 아테나 여신이 mentor를 죽이고 그 이름을 차지했기 때문이다.
③ 오디세우스의 친구 mentor가 아들을 지도하며 훌륭한 조언자가 되었기 때문이다.
④ 텔레마코스가 mentor를 속이고 지혜를 훔쳐서 유명해졌기 때문이다.

2. 다음 문장을 읽고 맞으면 O, 틀리면 × 표시해 보세요.

① mentor는 원래 '지혜로운 조언자'를 뜻하는 신화 속 여신의 이름이었다. ☐
② 어떤 사람이 나보다 경험이 많고 인생 조언을 해준다면 그 사람은 내 mentor일 수 있다. ☐
③ 선생님, 부모님, 인생 선배 등 나를 이끌어주는 사람은 mentor라고 부를 수 있다. ☐

3. mentor는 지혜롭게 도와주는 인생의 조언자를 말해요. 여러분에게도 멘토 같은 사람이 있나요? 또는 있다면 어떤 사람일까요?

- 나의 멘토는 누구인가요? _____

- 그 사람이 나에게 해준 조언이나 도움은? _____

_____

정답 1. ③ 2. ① ×, ② O, ③ O 3. (예시) 나의 담임 선생님 / 재가 자신감을 잃었을 때, 내 이야기를 하나하나 들어주며 용기를 주었어요.

048 **Midas touch**
큰 부자, 성공하는 재능

욕망이 만든 황금의 비극, 미다스의 손

'미다스의 손'이라는 말, 많이 들어보았을 것입니다. 이 말은 무언가를 만지면 금으로 변하듯, 모든 일이 잘 되는 아주 특별한 능력을 뜻합니다. 이러한 능력을 나타내는 영어 표현 Midas touch는 고대 그리스 신화에 나오는 미다스 왕 이야기에서 유래했습니다.

프리기아의 왕, 미다스는 부자가 되고 싶은 욕심에 끝이 없었습니다. 어느 날, 미다스 왕은 디오니소스 신을 도와준 대가로 어떤 소원이든 이룰 기회를 얻었습니다. 미다스는 욕심을 부려 만지는 모든 것을 금으로 만들 수 있는 능력을 달라고 했습니다. 디오니소스가 소원을 들어주자, 미다스는 손대는 모든 것이 순식간에 금으로 변하게 만드는 능력이 생겼습니다.

처음에는 매우 기뻤지만, 머잖아 자신이 얼마나 어리석은 소원을 빌었는지 깨닫게 됩니다. 손대는 것마다 금으로 변했으므로 아무것도 먹을 수 없었고, 결국 사랑하는 딸마저 금으로 변하자 너무 두려웠습니다. 절망에 빠진 미다스는 금으로 변하게 만드는 능력을 없애달라고 간청했습니다. 결국 디오니소스는 그의 능력을 취소해 주었고, 미다스는 다시 평범한 삶으로 돌아갈 수 있었습니다.

이 이야기는 단지 부를 좇는 것은 위험하며 욕심을 부리면 안 된다는 교훈으로 널리 알려졌습니다. 하지만 오늘날 Midas touch는 신화의 원래 교훈과 달리, 모든 일을 잘 해내는 멋진 능력을 갖춘 사람을 칭찬할 때 많이 사용합니다.

1. 'Midas touch'라는 표현이 생긴 배경과 오늘날의 사용법을 바르게 설명한 것은?

① 금으로 만든 장신구에서 비롯되었고, 지금은 부자를 비웃을 때 쓰인다.
② 미다스 왕의 교훈을 그대로 담아, 욕심 많은 사람을 부를 때 쓰인다.
③ 미다스 왕이 원한 능력에서 유래했고, 지금은 모든 일을 잘 해내는 능력을 뜻한다.
④ 미다스가 만든 마법 주문에서 유래했으며, 실패를 두려워하는 사람을 뜻한다.

2. 아래 단어와 뜻을 잘 읽고, 알맞게 선을 그어 보세요.

Midas touch •   ① 모든 일이 잘 되는 특별한 능력
미다스 왕 •   ② 소원을 들어준 포도주의 신
디오니소스 •   ③ 미다스가 손대면 만들어지는 것
금 •   ④ 부자가 되기를 소원했던 프리기아의 왕

3. 미다스는 '만지는 모든 걸 금으로' 바꾸는 능력을 가졌어요. 만지는 것마다 어떤 멋진 것으로 바뀌게 된다면 어떤 능력을 갖고 싶나요?

• 나의 Midas touch _____

• 왜 그런 능력이 좋다고 생각하나요? _____

_____

_____

049 narcissism
나르시시즘, 자아도취

나르시시즘, 거울 속에 빠진 영혼

'자기애'를 의미하는 영어 단어 narcissism은 그리스 신화에 나오는 나르키소스 Narcissus라는 청년의 이야기에서 유래했습니다.

강의 신과 물의 요정 사이에서 태어난 나르키소스는 눈부신 외모로 많은 이에게 사랑을 받았지만, 자만심이 강해 누구에게도 마음을 열지 않았습니다. 어느 날 나르키소스를 짝사랑하던 숲의 요정 에코가 숲에서 뛰쳐나와 나르키소스를 끌어안았습니다. 그러나 나르키소스는 에코의 손길을 차갑게 뿌리쳤습니다. 수치심과 모욕감을 견디지 못한 에코는 끙끙 앓다가 하루가 다르게 야위어갔습니다. 결국에는 육신은 사라지고 목소리만 남게 되었습니다.

요정들은 복수의 여신 네메시스를 찾아가 에코의 복수를 해달라고 청했고, 이에 응하여 네메시스는 나르키소스가 자신을 사랑하게 만드는 기이한 형벌을 내립니다. 사냥에 지쳐 더위를 식히려 물가를 찾은 나르키소스는 연못에 비친 자기 모습을 보고 첫눈에 반하게 됩니다. 하지만 손을 뻗는 순간 연못 속 얼굴은 사라져 버렸습니다. 자신을 사랑하는 열병에 시달리던 나르키소스는 결국 연못가에서 시들어 죽었고, 그 자리에는 수선화가 피어났다고 합니다.

19세기 말 심리학자들은 나르키소스의 이야기에 착안하여 자기애를 상징하는 용어로 narcissism을 처음 사용하기 시작했습니다. 오늘날, 이 말은 자신의 외모나 능력에 지나치게 집착하는 성향을 묘사하는 데 쓰입니다.

1. 'narcissism'이라는 단어의 유래와 현대적 의미의 변화를 잘 설명한 것은?

① 나르키소스는 자기 외모에 실망해서 은둔했으며, 그 모습이 자기혐오의 상징이 되었다.
② 나르키소스가 다른 사람을 과도하게 사랑해서 '사랑 중독'이라는 뜻이 되었다.
③ 나르키소스가 자신의 얼굴을 사랑한 이야기에서 유래하여, 지금은 자기 집착을 뜻한다.
④ 나르키소스는 연못 속 사랑하는 사람을 구하지 못한 슬픈 전설에서 유래했다.

2. 다음 중 narcissism이라는 단어가 가장 잘 어울리는 상황은?

① 지하철에서 어르신에게 자리를 양보하고 고맙다는 인사를 받았다.
② 거울 앞에서 셀카를 수십 장 찍으며 "역시 나는 너무 멋져!"라고 말했다.
③ 친구가 어려운 수학 문제를 풀 수 있도록 도와주었다.
④ 단체 활동에서 다른 사람의 의견을 먼저 듣고 조율하려 했다.

3. 나르키소스는 자기 외모에 너무 빠져 큰 벌을 받았어요. '자신을 좋아하는 마음'과 '지나친 자만심'의 차이는 뭐라고 생각하나요?

- 차이점 _____

- 왜 그렇게 생각하나요? _____

_____

_____

> **Tip**
> 숲의 요정 에코Echo는 원래 아름다운 목소리를 가지고 있었습니다. 하지만 제우스 신을 돕다가 헤라 여신의 분노를 사 다른 사람의 말을 반복하는 것 외에는 말을 할 수 없게 되었습니다. 이후 나르키소스에게 거절당한 뒤 점점 야위어 결국 목소리만 남았습니다. 그래서 오늘날 echo는 '메아리'를 뜻하는 말로 쓰입니다.

050 panic
극심한 공포, 공황 상태

갑작스러운 공포 패닉, 판의 저주

'패닉'이라는 말, 많이 들어봤죠? 갑자기 너무 무섭거나 불안해서 어쩔 줄 모를 때 쓰는 말입니다. 이처럼 '극심한 공포'를 뜻하는 영어 단어 panic은 그리스 신화에 나오는 판Pan이라는 신과 관련이 있습니다.

제우스와 님프 사이에서 태어난 판은 숲과 목초지의 신으로서, 사람 몸에 염소 머리와 뿔을 지니고 있었습니다. 판은 장난치기를 매우 좋아해서 밤에 숲속을 지나가는 사람들에게 나타나 무서운 소리를 내거나 괴물로 변신해서 사람들을 놀라게 하고는 했습니다. 또 잠든 사람의 꿈에 나타나 악몽을 꾸게 만들기도 했습니다. 특히 갑작스럽게 내는 소리로 사람과 동물을 놀라게 하는 일이 많았어요. 어느 날, 판이 한적한 숲속에서 낮잠을 자고 있었습니다. 그런데 한 무리의 양치기가 시끄럽게 떠들며 지나가는 소리에 잠이 깼습니다. 화가 난 판은 무시무시한 소리를 냈습니다. 갑작스러운 소리에 놀란 양치기들은 무슨 일이 닥칠지 몰라 두려워하며 황급히 도망쳤습니다. 그때부터 사람들은 이렇게 갑작스럽고 설명할 수 없는 공포를 판의 공포Pan's terror라고 불렀습니다.

이 이야기에서 유래한 말이 바로 panic입니다. 이유를 알 수 없는 갑작스러운 공포나 불안을 의미하는 이 말은 17세기 말에서 18세기 초에 영어에 처음 등장했습니다. 당시에는 주로 전투에서 적의 공격으로 인한 갑작스러운 혼란을 묘사할 때 사용되었습니다. 이후 panic은 점차 일상적인 상황에서 느끼는 갑작스러운 공포나 불안을 표현하는 데 쓰이기 시작했습니다.

1. 'panic'이라는 단어가 어떻게 생겨났으며, 지금은 어떤 상황에서 쓰이나요?

① 판이라는 신이 사람들에게 위로를 주며 생긴 말로, 안정을 뜻한다.
② 판이라는 신이 갑자기 무서운 소리로 사람들을 놀라게 한 이야기에서 유래해, 예상치 못한 공포나 불안을 뜻하게 되었다.
③ 전쟁에서의 승리를 기념하는 신화에서 유래해, 기쁨의 순간에 쓰인다.
④ 숲의 신 판이 팬 플루트를 불어 사람들을 춤추게 한 데서 유래해, 신나는 감정을 나타낸다.

2. 다음 문장을 읽고 맞으면 ○, 틀리면 × 표시해 보세요.

① panic이라는 말은 그리스 신 판(Pan)이 내던 무서운 소리와 관련이 있다. ☐
② 시험 직전에 갑자기 아무 생각이 안 나고 손발이 떨리는 상황을 panic이라고 할 수 있다. ☐
③ panic은 지진이나 불같이 갑작스러운 위기 상황에서만 사용할 수 있는 말이다. ☐

3. 갑자기 무섭거나 놀라서 몸이 얼어붙은 경험이 있나요? 그때 어떤 상황이었고, 어떻게 극복했는지 떠올려 보세요.

- 나의 panic 순간 _____
- 그때 어떤 기분이 들었나요? _____
- 그 상황을 어떻게 해결했나요? _____

Tip

팬 플루트pan flute 또는 팬파이프panpipes라고 부르는 악기도 판에서 유래한 말입니다. 노래하고 춤추는 것을 좋아한 판은 아름다운 님프 시링크스Syrinx를 사랑했습니다. 하지만 시링크스가 도망쳐 갈대로 변하자, 슬픔에 빠진 판은 갈대를 잘라 여러 개의 피리를 만들었는데, 이것이 바로 팬 플루트의 기원이 되었습니다.

정답 1. ② 2. ○, ○, × 3. (예시) 갑자기 발표를 해야 할 때 / 머릿속이 하얘지고 심장이 빨리 뛰었어요. / 신호흡을 하고 천천히 말했어요.

051 sour grapes
오기, 자존심을 지키려는 자기 합리화

자존심을 지키기 위한 거짓말, 신 포도

 글자 그대로 풀이하면 '신 포도'라는 뜻의 영어 표현 sour grapes는 원하는 것을 얻지 못했을 때, 그것의 가치를 깎아내리며 자신을 위로하는 심리를 빗대어 표현하는 말입니다. 이 표현은 고대 『이솝 우화』에 나오는 '여우와 포도'라는 이야기에서 유래했습니다.

 어느 날 여우 한 마리가 길을 가다가 나무에 매달린 탐스러운 포도를 보았는데, 맛있을 것 같아서 따먹고 싶어졌습니다. 여우는 펄쩍 뛰어 올랐지만, 포도가 높이 있어서 닿을 수 없었습니다. 다시 한 번 힘껏 뛰어 보았지만, 여전히 닿지 않았습니다. 그 뒤로도 여러 번 계속 시도했지만 결국 포도를 따는 데 실패합니다. 그러자 여우는 맛있는 포도를 포기한 채 발길을 돌리며 "그 포도는 분명 시고 맛이 없을 거야."라며 포도를 무시합니다. 여우는 손에 넣을 수 없는 포도의 가치를 깎아내리는 핑계를 댐으로써 그것을 얻지 못한 자신을 합리화하려고 한 것입니다.

 이 우화에서 유래한 sour grapes는 '패배를 인정하기 싫어서 괜히 오기를 부린다'는 의미로 사용합니다. 이 표현은 단순한 이야기를 넘어, 인간의 심리적 방어기제를 보여주는 말입니다. 우리는 원하는 것을 얻지 못했을 때, 실망감이나 자존심의 상처를 극복하기 위해 다양한 방식으로 자신을 위로하곤 합니다. sour grapes는 그러한 인간 심리의 한 모습을 드러내는 표현이라고 할 수 있습니다.

1.

'sour grapes'라는 표현은 어떤 이야기에서 유래되었고, 어떤 의미로 사용되나요?

① 여우가 포도를 독이라고 착각해서 먹지 않았던 이야기에서 유래해, 실수를 피하는 지혜를 뜻한다.
② 포도를 훔치려다 실패한 도둑 이야기에 나오는 말로, 죄책감을 뜻한다.
③ 포도를 따지 못한 여우가 포도를 깎아내린 『이솝 우화』에서 유래해, 얻지 못한 것을 무시하는 심리를 뜻한다.
④ 신 포도를 먹고 병이 난 이야기에서 유래해, 잘못된 선택을 후회하는 표현이다.

2.

아래 단어와 뜻을 잘 읽고, 알맞게 선을 그어 보세요.

sour grapes •   ① 재미있는 동물 이야기로 지혜를 알려주는 이야기책
여우   •   ② 여우가 갖고 싶어 했던 과일
포도   •   ③ 높은 포도를 따려다 실패한 동물
『이솝 우화』 •   ④ 갖지 못한 것을 "별로야!" 하고 무시할 때 쓰는 말

3.

여우처럼, 얻지 못한 걸 괜히 '안 좋아'라고 생각해 본 적 있나요? 그때의 상황을 솔직하게 돌아보며 적어 보세요.

- 어떤 일이었나요? _____
- 나의 반응은? _____
- 지금 생각해 보면 어떤 마음이었나요? _____

_____

052 spill the beans
비밀을 누설하다, 무심코 말하다

콩을 쏟으면 왜 비밀이 새어 나갈까?

글자 그대로 풀이하면 '콩을 쏟다'라는 뜻의 영어 표현 spill the beans는 자기도 모르게 비밀을 누설하는 행위를 말합니다. 이 표현은 미국에서 생겨났지만, 그 기원은 고대 그리스의 독특한 투표 방식에서 찾을 수 있습니다.

고대 그리스인들은 중요한 결정을 내리거나 새로운 구성원을 뽑을 때 항아리에 콩을 넣어 투표하는 방식을 사용했습니다. 사람들은 각자 찬성할 경우에는 흰 콩을 넣고, 반대할 경우에는 검은콩을 넣었습니다. 모든 의사 결정은 만장일치로 이루어졌는데, 콩을 집계하여 결과를 확인하는 일은 비밀리에 진행되었습니다. 그런데 투표가 끝나고 콩을 쏟아 결과를 확인하는 과정에서 실수로 콩을 흘리는 경우가 가끔 발생했습니다. 이에 따라 투표 결과가 미리 알려지는 일이 생기곤 했습니다. 이러한 역사적 배경에서 유래하여 spill the beans는 무심코 비밀을 누설하는 행위를 의미하는 표현으로 사용되기 시작했습니다.

이 표현은 시간이 지나면서 영어 속담으로 자리 잡았고, 특히 20세기 초반 미국에서 널리 사용되었습니다. 현대에는 정치, 스포츠, 일상생활 등 다양한 분야에서 비밀이나 중요한 정보를 발설하는 상황을 가리키는 말로 자주 사용됩니다.

1. 'spill the beans'라는 표현은 어떤 상황에서 유래되었고, 어떤 의미로 사용되나요?

① 요리 중 콩을 쏟아 화를 내던 이야기에서 유래해, 짜증을 표현할 때 쓰는 말이다.
② 고대 그리스의 비밀 투표에서 콩을 흘리면 결과가 새어 나갔던 데서 유래해, 비밀을 실수로 말해 버리는 것을 뜻한다.
③ 밭에서 콩을 몰래 훔치다 들킨 이야기에서 유래해, 거짓말을 들켰을 때 쓰는 말이다.
④ 미국의 TV 광고에서 나온 유행어로, 다이어트를 실패했을 때 쓰는 말이다.

2. 다음 중 spill the beans라는 표현이 가장 잘 어울리는 상황은?

① 친구가 깜짝 생일 파티를 준비 중인데, 다른 친구가 실수로 그 사실을 말해 버렸다.
② 모두가 조용히 책을 읽는 도서관에서 친구가 갑자기 큰 소리로 웃었다.
③ 경기 시작 전, 선수들이 몸을 풀기 위해 준비 운동을 하고 있었다.
④ 엄마가 마트에서 장을 보며 할인 상품을 찾고 있었다.

3. 여러분도 친구의 비밀을 실수로 말해 버린 적 있나요? 그때 상황과 기분을 떠올리며 적어 보세요.

• 어떤 비밀이었나요? _____

• 어떻게 말하게 됐나요? _____

• 어떤 기분이 들었고, 어떻게 해결했나요? _____

_____

_____

정답 1. ② 2. ① 3. (예시) 친구가 좋아하는 사람 이야기를 무심코 다른 친구에게 말해 버림 / 당황스럽고 미안해서 바로 사과하고 그 일을 비밀로 지키기로 다시 약속했어요.

the last straw
053 최후의 일격, 더 이상 견딜 수 없는 한계

사막의 배를 침몰시킨 지푸라기 한 가닥

글자 그대로 풀이하면 '마지막 지푸라기'라는 뜻의 영어 표현 the last straw는 이미 한계에 다다른 상황에서 작은 자극이 큰 변화를 일으키는 순간을 비유적으로 나타내는 말입니다. 이 표현은 "It is the last straw that breaks the camel's back(낙타의 등을 부러뜨리는 것은 마지막 지푸라기다)."라는 속담의 줄임말입니다. 이 속담은 아랍의 오래된 이야기에서 유래했습니다.

옛날에 낙타를 부려 짚단을 나르던 부자가 있었습니다. 낙타는 '사막의 배'라고 불릴 정도로 많은 짐을 지고 먼 거리를 이동할 수 있는 동물입니다. 하지만 아무리 강인한 낙타라도 한계가 있기 마련이죠. 부자는 낙타를 최대한 활용하려고 실을 수 있는 만큼 많은 짚단을 실었습니다. 그러던 어느 날 "마지막으로 하나만 더" 하며 지푸라기 한 가닥을 낙타 등에 얹었는데, 그 순간 낙타는 쓰러지고 말았습니다. 육중한 무게를 더 이상 견딜 수 없어 등이 부러지고 만 것입니다. 바로 그 한 가닥의 건초, 즉 '마지막 지푸라기'가 낙타에게는 더 이상 견딜 수 없는 무게였던 셈이죠.

이 이야기에서 유래한 the last straw는 우리 삶에서도 자주 경험하는 상황을 비유적으로 표현합니다. 어떤 문제나 스트레스가 점점 쌓이다 보면, 작은 일 하나에도 견디기 힘들어지고 결국에는 폭발하듯 큰 변화가 일어날 수 있다는 의미로 쓰입니다.

1. 'the last straw'라는 표현은 어떤 이야기에 바탕을 두고 생겨났을까요?

① 바람에 흩날리는 지푸라기를 보고 떠오른 감상에서 유래했다.
② 낙타가 건초 더미 위에 눕다가 갑자기 일어난 상황에서 생긴 표현이다.
③ 낙타에게 너무 많은 짐을 실은 끝에, 마지막 지푸라기 하나가 등을 부러뜨렸다는 이야기에서 나왔다.
④ 농부가 건초를 모으다 지친 날, 마지막 짚을 들고 울었다는 전설에서 유래했다.

2. 다음 문장을 읽고 맞으면 O, 틀리면 X 표시해 보세요.

① "It was the last straw!"라고 말할 때는 더는 참을 수 없는 한계를 넘겼다는 뜻이다. ☐
② 친구가 계속 나를 속상하게 하다가 마지막에 작은 일 하나로 화가 폭발했다면, 그 작은 일이 the last straw라고 할 수 있다. ☐
③ the last straw는 기회를 마지막으로 한 번 더 주겠다는 의미를 담고 있다. ☐

3. 지금까지 '이건 진짜 너무했다!' 싶은 경험이 있나요? 마치 마지막 지푸라기 같았던 순간을 떠올려 보세요.

- 어떤 일이 쌓이고 있었나요? _____

- 마지막에 어떤 일이 일어나서 더 이상 참기 힘들었나요? _____
_____

- 그때 어떻게 행동했거나, 어떤 기분이었나요? _____
_____

정답 1. ③ 2. O, O, X 3. (예시) 친구가 자꾸 약속 없이 바로 속상했어요. / 내가 이야기를 꺼내는데까지 끝말이야기를 얹어놓을 때 / 더 이상 못 참고 화를 터뜨렸다. 이제는 대답 듣고서 풀리지 않았어요.

054 white elephant
애물단지

받느냐 마느냐 그것이 문제로다, 흰 코끼리

white elephant는 글자 그대로 풀이하면 '흰 코끼리'이지만, 실제로는 부담스럽고 쓸모없는 선물을 비유적으로 표현하는 말입니다. 이 표현은 코끼리를 신성하게 여기는 동남아시아의 풍습에서 유래했습니다.

태국과 미얀마, 라오스 같은 나라에서는 흰 코끼리가 매우 희귀하고 신성한 동물로 여겨졌습니다. 흰 코끼리는 정의롭고 강력한 왕의 통치 아래 나라가 평화롭고 번영을 누리고 있다는 상징이었죠. 따라서 왕으로부터 흰 코끼리를 하사받는 것은 대단히 영광스러운 일로 여겨졌습니다. 하지만 흰 코끼리는 신성한 동물이었기 때문에 일반적인 코끼리처럼 일을 시키는 것이 금지되어 있었습니다. 그러므로 흰 코끼리를 소유하는 것은 엄청난 부담이 따르는 일이었습니다. 흰 코끼리를 돌보는 데에는 큰 비용이 들었지만, 실질적인 이익은 거의 없었기 때문입니다. 그래서 흰 코끼리를 하사받는 것은 축복인 동시에 재앙이었습니다. 왕의 총애를 받고 있다는 상징이었지만 실제로는 경제적 부담이 컸기 때문입니다.

이처럼 축복인 동시에 재앙이었던 흰 코끼리에 관한 이야기가 서구에 전해지면서 white elephant는 유지 비용이 많이 들지만, 버리기 어려운 물건을 의미하는 말로 쓰였습니다. 19세기 말에는 이 표현이 널리 퍼지면서 겉보기에는 그럴싸하지만 부담만 주는 선물을 가리키는 말이 되었습니다. 심지어 연말 파티에서 일부러 쓸모없거나 기괴한 선물을 교환하며 웃고 즐기는 White Elephant Gift Exchange라는 놀이마저 생겨났답니다.

1. white elephant라는 표현은 어떻게 생겨났을까요?

① 서커스에서 흰 코끼리를 키우는 것이 매우 힘들었기 때문이다.
② 태국 왕이 쓸모없는 코끼리를 농부에게 하사했기 때문이다.
③ 신성한 흰 코끼리를 소유하는 것이 영광이면서도 부담스러웠기 때문이다.
④ 코끼리는 하얀색일수록 성격이 나쁘다고 믿었기 때문이다.

2. 아래 단어와 뜻을 잘 읽고, 알맞게 선을 그어 보세요.

white elephant(오늘날 의미)　　　•　　　① 왕의 총애와 번영의 상징
동남아에서의 의미　　　•　　　② 부담만 크고 쓸모없는 선물을 뜻하게 됨
코끼리의 신성함 때문에 생긴 문제　•　　　③ 일을 시키지 못해 유지 비용만 큰 존재
서구 문화로 전해진 이후의 변화　　•　　　④ 겉은 좋아 보이지만 실제론 부담만 주는 물건

3. 이런 'white elephant'를 받았을 때를 상상해 보세요.

• 어떤 물건이 이런 white elephant가 될 수 있을까요? _____

• 그 물건을 어떻게 처리하고 싶나요? _____

_____

_____

정답 1. ③ 2. ④-①-③-② 3. (예시) 상형 콘 로봇 장난감 / 친구에게 나눠 주거나, 사진 찍고 기부하고 싶어요.

직업 이름에도 이야기가 있어요!

engineer
엔지니어

engineer는 '기계'를 뜻하는 engine에서 파생된 말이에요. 원래는 전쟁터에서 투석기 같은 무기를 다루는 사람이었어요. 기계를 설계하고 다루던 이들이 점차 기술 전문가로 발전했어요. 지금은 건축, 전기, 컴퓨터 등 다양한 분야의 전문가를 뜻해요. engineer는 미래를 설계하고 문제를 해결하며 세상을 움직이는 기술자예요.

teacher
선생님

teacher는 '가르치다'를 뜻하는 teach에서 온 말이에요. teach는 '보여주다, 알게 하다'라는 뜻의 고대 영어 tæcan에서 왔어요. 이처럼 유래에서 알 수 있듯이 그 말처럼 선생님은 지식을 보여 주는 안내자였어요. 지금도 선생님은 아이들의 세상을 열어 주는 열쇠예요. teacher는 지식보다 더 큰 '길'을 보여 주는 사람이에요.

police
경찰

police는 '도시'를 의미하는 그리스어 polis에서 라틴어 politia를 거쳐 만들어진 말이에요. 원래는 '도시를 잘 다스리는 질서'를 뜻했어요. 중세 프랑스에서는 '도시 질서를 지키는 사람'을 policier라 불렀고, 지금은 시민의 안전과 법을 지키는 경찰을 뜻하게 됐어요. 경찰은 도시의 평화를 지키는 '보이지 않는 울타리'입니다.

doctor　　　　　　　　　　　　　　　　　　　　　　　　　　　　의사

doctor는 원래 '가르치는 사람'을 뜻하는 라틴어 docere에서 왔어요. 처음에는 학교에서 지식을 가르치는 사람을 부르는 말이었죠. 그런데 시간이 지나면서 '몸에 대해 잘 아는 사람'이라는 뜻도 생겼어요. 그래서 지금은 환자에게 건강을 돌보는 의사를 doctor라고 불러요.

chef　　　　　　　　　　　　　　　　　　　　　　　　　　　　요리사

chef는 프랑스어로 '우두머리'를 뜻하는 chef에서 왔어요. 원래는 '주방 전체를 총괄하는 리더'를 뜻했습니다. 그래서 chef의 정식 표현은 'chef de cuisine(주방의 우두머리)'예요. 지금도 큰 주방에선 요리사들이 계급처럼 나뉘어 있어요. chef는 단순히 음식을 만드는 요리하는 사람을 넘어서, 창조하고 이끄는 사람인 셈이죠.

actor　　　　　　　　　　　　　　　　　　　　　　　　　　　　배우

actor는 '행동하다'를 뜻하는 라틴어 agere에서 나온 말이에요. agere는 '움직이다, 이끌다'라는 뜻이 담겨 있어요. 고대 로마에서는 무대 위에서 움직이며 역할을 보여주는 사람을 '행동가(actor)'라고 불렀어요. 시간이 흐르며 이 말은 '연기하는 사람'이라는 뜻으로 바뀌었죠. 배우는 무대 위나 영화 속에서 다른 사람의 삶을 대신 살아 주는 존재입니다. actor는 감정을 움직이고 세상을 비추는 거울 같은 역할을 합니다.

bible

giant

music

3부

신화와 과학에 관한 어휘와 표현

055 bible 성경

성경이 도시의 이름에서 유래했다고?

역사상 가장 많이 팔린 책은 성경이라고 합니다. 성경을 나타내는 영어 단어 bible은 그리스어 biblia에서 유래한 말입니다. 고대 이집트에서는 파피루스라는 갈대 식물을 지금의 종이처럼 만들어 사용했습니다. 이 파피루스를 많이 생산하던 곳 중 하나가 페니키아의 도시 비블로스Byblos였습니다. 고대 그리스인들은 그곳에서 수입한 파피루스를 도시의 이름 그대로 비블로스라고 불렀

습니다. 그리고 비블로스를 줄인 형태인 비블리온biblion은 파피루스로 만든 두루마리를 나타내는 말이었습니다. 시간이 지나며 비블리온은 의미가 확장되어 '책'을 나타내는 말로 쓰이게 되었고, 복수형은 비블리아biblia로 나타냈습니다.

초기 그리스도교인들은 다양한 경전을 모아 하나의 책으로 만들고 이를 biblia라고 불렀습니다. 시간이 지나면서 성경은 가장 중요한 책으로 여겨졌고, 그리스 문화의 영향을 받은 유대인들은 신약성경과 구약성경을 합쳐 '거룩한 책'이라고 불렀습니다. 로마인들은 이를 라틴어로 번역하여 비블리아 사크라biblia sacra로 불렀습니다. 시간이 흐르면서 sacra는 생략되고 biblia만 남아, 이 말이 영어로 들어와 bible이 되었습니다. 오늘날 bible은 단순히 책을 의미하는 것이 아니라, 그리스도교와 유대교 신앙의 중심이 되는 경전을 가리키는 고유 명사로 사용되고 있습니다. 이렇게 bible이라는 말에는 수천 년의 역사와 문화, 종교적 가치가 담겨 있습니다.

1. 다음 중 'bible(성경)'이라는 단어가 생겨난 과정을 바르게 설명한 것은 무엇인가요?

① 성경은 고대 왕의 이름을 따서 bible이라고 불리게 되었다.
② 성경은 그리스 신화에 나오는 신의 이름에서 유래했다.
③ 성경을 처음 만든 나라에서 bible이라는 단어를 만들었다.
④ 고대 도시 비블로스에서 만들어진 파피루스와 책의 이름에서 유래했다.

2. 다음 중 bible이라는 단어가 가장 자연스럽게 쓰일 수 있는 상황은?

① 친구들과 수영장에 놀러 가기로 약속을 정했다.
② 국어 수업 시간에 고전 시가의 운율을 배웠다.
③ 교회에 가서 성경 구절을 읽고 깊이 생각해 보았다.
④ 운동장 한가운데에서 연을 날리며 뛰어놀았다.

3. 여러분에게 아주 소중한 책이나 오래 남을 만한 책이 있다면 어떤 책인지 적어 보세요. 그리고 그 책이 왜 특별한지도 함께 생각해 보세요.

• 책 제목 _____

• 이유는? _____

_____

_____

> **Tip**
> biblia에서 파생된 biblio-는 '책'이라는 뜻의 접두어로 지금도 여러 단어에서 사용됩니다. 예를 들어, bibliography는 '참고 문헌'을 뜻하는 말이고, bibliophile은 책을 사랑하는 '애서가'라는 의미입니다.

정답 1. ④ 2. ③ 3. (예시) 「안네의 일기」 / 끔찍한 전쟁 속에서 한 소녀가 숨어 지내며 쓴 일기인데도 정이 기억에 남아 진정에 대해 생각해 볼 수 있었어요.

056 canary
카나리아 새

카나리아의 이름이 개와 관련이 있다고?

다채로운 깃털과 아름다운 노랫소리로 즐거움을 주는 카나리아canary. 이 작고 귀여운 새의 이름에는 흥미로운 역사와 어원이 담겨 있습니다. 카나리아라는 이름은 놀랍게도 개와 관련이 깊습니다.

카나리아 제도Canary Islands는 아프리카 북서쪽에 있는 스페인령 섬들입니다. Canary Islands는 라틴어로 '개들의 섬'이라는 뜻의 Insula Canaria에서 유래했습니다. 이는 그곳에 커다란 야생 개들이 많이 살고 있었기 때문에 붙여진 이름입니다.

그렇다면 왜 이 새가 canary라고 불리게 되었을까요? 15세기에 카나리아 제도를 발견한 스페인 탐험가들은 섬에 있던 작은 노란 새들을 유럽으로 가져갔고, 그 이후로 이 새들은 유럽 전역에서 인기를 끌었습니다. 사람들은 이 새가 카나리아 제도에서 왔다는 의미로 '카나리아 새canary birds'라고 불렀고, 시간이 지나면서 birds를 빼고 canary라고 불렀습니다.

카나리아에는 슬픈 역사도 있습니다. 19세기와 20세기 초반에 광부들은 유독 가스를 감지하기 위해 카나리아를 키웠습니다. 카나리아는 사람보다 유독 가스에 더 민감해서, 공기가 나빠지면 먼저 죽었거든요. 광부들은 카나리아가 죽으면 위험을 느끼고 재빨리 탄광에서 빠져나왔답니다. 이러한 배경에서 생겨난 표현 canary in a coal mine(탄광 속 카나리아)은 위험을 미리 알려주는 사람이나 사물을 비유적으로 나타내는 말로 쓰입니다.

1. 다음 중 'canary(카나리아)'라는 이름이 만들어진 과정을 가장 올바르게 설명한 것은 무엇인가요?

① 카나리아 새는 개처럼 짖는 소리를 내기 때문에 그렇게 불리게 되었다.
② 카나리아 제도에 많은 개가 살았고, 그곳에서 온 새라서 canary라고 불리게 되었다.
③ 카나리아는 옛날 왕이 키우던 애완동물의 이름에서 유래했다.
④ canary는 노란 깃털을 가진 새라는 뜻의 고대 프랑스어에서 왔다.

2. 다음 문장을 읽고 맞으면 O, 틀리면 X 표시해 보세요.

① 카나리아는 유럽 전역에서 인기를 끌었고, 카나리아 제도에서 유래한 이름이다. ☐
② canary는 라틴어로 '노란 새'라는 뜻이며, 색깔에서 이름이 유래했다. ☐
③ 옛날에는 탄광 안에 카나리아를 넣어두고 공기가 나쁜지 확인했다. ☐

3. 예전에는 사람들을 지키기 위해 새를 위험 감지 도구로 사용했어요. 지금은 어떤 기계나 도구, 기술이 그런 역할을 하고 있을까요?

_____
_____
_____

057 cancer 암

암의 명칭이 게와 관련 있다고?

암은 몸의 악성 세포가 통제할 수 없이 증식하여 죽음에 이르게 하는 질병입니다. 현대에 자주 사용하는 용어임에도 '암'을 뜻하는 영어 단어 cancer의 기원은 먼 옛날로 거슬러 올라갑니다.

cancer는 '게crab'를 의미하는 라틴어 캉케르cancer에서 유래했습니다. 이 질병을 처음으로 언급한 사람은 고대 그리스의 유명한 의사 히포크라테스Hippocrates입니다. 그는 사람의 몸에 생기는 여러 가지 질병을 연구했습니다. 그러던 중 특정한 종양이 게처럼 생겼다는 것을 발견하고는 이 질병을 '게'라는 뜻의 카르키노스karkinos'로 불렀습니다. 종양에서 뻗어나가는 혈관들이 마치 게의 다리처럼 보였기 때문입니다.

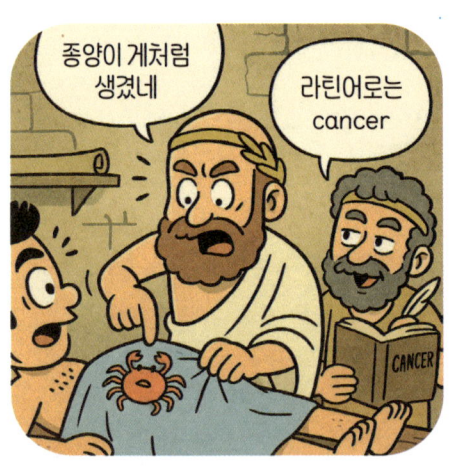

이후 히포크라테스의 연구를 이어받은 고대 로마의 철학자이자 의사 갈레노스Galenus는 암에 대해 더 자세히 연구했습니다. 그는 암이 단단하고 악성인 종양이라는 것을 밝혀내고, 히포크라테스가 사용했던 karkinos를 라틴어로 번역하여 cancer로 불렀습니다. 단단한 종양이 딱딱한 게의 등딱지와 비슷하다고 생각하여 그렇게 부른 것입니다. 이후 cancer는 여러 나라의 언어에 유입되면서 '암'을 의미하는 의학 용어로 자리 잡았습니다.

cancer는 '암'이라는 의학적 의미 외에 천문학에서도 쓰입니다. 하늘에는 '게자리'라는 별자리가 있는데, 이 별자리의 이름도 cancer라고 부른답니다.

1. 'cancer(암)'라는 단어가 어떻게 만들어졌는지에 대한 설명으로 가장 알맞은 것은 무엇인가요?

① 암에 걸린 사람은 게를 많이 먹어서 그렇게 불리게 되었다.
② 암은 게가 옮기는 병이라고 믿었기 때문에 그런 이름이 붙었다.
③ 암 덩어리가 게처럼 생겼다고 생각해서 '게'를 뜻하는 말에서 유래했다.
④ 예전 사람들은 암을 치료할 때 게를 약으로 썼기 때문에 그런 이름이 생겼다.

2. 아래 단어와 뜻을 잘 읽고, 알맞게 선을 그어 보세요.

cancer   •   ① 라틴어로 '게'라는 뜻에서 온 단어
카르키노스   •   ② 히포크라테스가 쓴, '암'을 뜻하는 고대 그리스어
갈레노스   •   ③ 암의 단단한 모습이 '게'와 닮았다고 생각한 고대 로마 의사
cancer(별자리) •   ④ 여름철에 하늘에 나타나는 별자리 '게자리'

3. 어떤 사물이 어떤 모양을 닮았다고 해서 이름이 지어지는 경우가 있어요.

• 여러분 주변에서 어떤 것과 동물이나 사물의 모양이 비슷한 걸 본 적 있나요?

_____

_____

• 여러분이 새롭게 이름을 붙여 본다면 어떤 재미있는 이름을 지을 수 있을까요?

_____

_____

058 cell
세포, 감방, 암자

작은 방에서 휴대전화까지, cell의 놀라운 변신

cell은 과학 시간에 자주 듣는 말로, 생물체의 가장 작은 단위인 세포를 의미합니다. 하지만, 이 말의 기원에는 과학의 발전에 얽힌 흥미로운 배경이 숨어 있습니다. cell은 라틴어 cella에서 유래했습니다.

중세 유럽의 수도원에는 예수의 성상을 모셔 놓은 조그만 방이 있었는데, 이 방이 바로 cella였습니다. 수도사들이 거주하는 작은 방이나 감옥의 독방을 가리키는 라틴어 cellula에서 나온 말입니다. 주로 좁고 폐쇄적인 공간이라는 의미가 강했습니다.

시간이 흘러 17세기에 과학이 발달하자 cell은 생물학 용어로 사용되기 시작했습니다. 1665년, 영국의 물리학자 로버트 훅Robert Hooke은 직접 만든 현미경으로 코르크 조각을 관찰하다가 작은 방처럼 생긴 구조를 발견했습니다. 이 구조들이 마치 수도원의 작은 방을 닮았다고 생각한 그는 '작은 방들'이라는 뜻으로 cells라고 불렀습니다. 이후 단수형인 cell은 생명체를 구성하는 가장 기본적인 단위인 세포를 가리키는 말이 되었습니다.

20세기 후반에 들어서면서 cell은 또 다른 의미를 갖게 되었습니다. 바로 휴대전화 통신망을 구성하는 작은 단위를 가리키는 말로 쓰이게 된 것입니다. 우리가 사용하는 휴대전화는 '셀'이라는 작은 지역 단위로 나누어진 네트워크를 통해 통신합니다. 마치 벌집처럼 많은 셀들이 모여 커다란 통신망을 이루는 것입니다. 그래서 휴대전화를 영어로는 cellular phone이라고 부르는데 간단히 줄여 cell phone이라고도 합니다.

1. 'cell'이라는 단어는 어떻게 지금의 '세포'라는 뜻이 되었나요?

① 과학자가 작고 둥근 점을 보고 '별' 같다고 했기 때문이다.
② 사람들이 실험실에서 만든 가짜 말이기 때문이다.
③ 작고 조용한 '작은 방'에서 시작된 말이기 때문이다.
④ 휴대전화를 만든 회사 이름에서 따온 말이기 때문이다.

2. 다음 중 cell이라는 단어가 가장 자연스럽게 쓰일 수 있는 상황은?

① 친구와 함께 손전등을 들고 동굴을 탐험했다.
② 과학 시간에 현미경으로 양파 껍질을 관찰하며 세포 구조를 살펴보았다.
③ 미술 시간에 풍경화를 그리며 색연필을 사용했다.
④ 체육 시간에 축구 경기에서 골을 넣어 환호를 받았다.

3. 몸 속의 세포와 통화할 수 있다면 이라고 상상해 보세요.

- 어떤 세포와 통화하고 싶은가요?(예: 심장 세포, 뇌 세포 등)

_____

_____

- 그 세포에게 어떤 말을 전하고 싶나요?

_____

_____

정답 1. ③ 2. ② 3. (예시) 심장 세포 / "항상 열심히 뛰어 줘서 고마워요! 아저씨 멈추지 말고 오래오래 뛰게 있어줘!"

059 cereal
곡물, 시리얼

시리얼이 로마 여신에서 유래했다고?

시리얼은 아침 식사 대용으로 많이 먹는 음식으로, 주로 곡물로 만든 바삭한 식품을 가리킵니다. 바쁜 현대에 자주 섭취하는 음식이지만 이 말의 기원은 고대 로마 신화 속 이야기로 거슬러 올라갑니다.

'곡물'을 뜻하는 영어 단어 cereal은 로마 신화에 나오는 곡물과 농업, 다산의 여신인 케레스Ceres에서 유래했습니다. 로마인들은 케레스 여신이 풍요로운 곡식을 가져다준다고 믿었습니다. 케레스 여신이 큰 축복을 내린다고 믿었기 때문에 여신의 이름을 따서 곡물, 특히 밀이나 보리와 같은 곡식을 가리키는 말로 사용하게 되었습니다. 중세에 접어들어 이 말은 라틴어 cerealis가 되었고, 라틴어의 영향으로 영어에도 cereal이라는 말이 생겨났습니다.

처음에는 cereal이 모든 곡물을 통틀어 부르는 말이었지만, 19세기 후반에 들어서면서 의미가 조금 달라졌어요. 미국에서는 건강한 식습관에 대한 관심이 높아지자, 곡물을 가공하여 먹기 좋은 형태로 만들기 시작했고, 이렇게 만들어진 가공식품을 cereal이라고 불렀습니다. 특히 의사 존 하비 켈로그John Harvey Kellogg는 소화가 잘되고, 건강에 좋은 콘플레이크를 개발했습니다. 이것이 큰 인기를 얻으면서 시리얼은 아침 식사 대용으로 널리 퍼지게 되었답니다. 따라서 본래 곡물 전체를 가리키는 말이었던 cereal이 오늘날에는 주로 아침에 먹는 가공된 곡물 식품을 가리키는 말이 된 것입니다.

1. 다음 중 'cereal'이라는 말의 어원에 대해 바르게 설명한 것을 고르세요.

① cereal은 고대 그리스의 올림픽에서 유래된 단어이다.
② cereal은 농업과 다산의 여신 케레스Ceres에서 유래된 말이다.
③ cereal은 처음부터 아침에 먹는 가공식품을 뜻했다.
④ cereal은 원래 과일을 의미했지만 점점 곡물 뜻으로 바뀌었다.

2. 다음 문장을 읽고 맞으면 O, 틀리면 X 표시해 보세요.

① cereal이라는 단어는 로마 신화의 여신 이름에서 유래했다. ☐
② 시리얼은 원래부터 아침에 먹는 바삭한 가공식품을 뜻했다. ☐
③ 아침에 우유와 함께 먹는 시리얼은 바쁜 아침을 간단히 해결하는 데 도움이 된다. ☐

3. 내가 좋아하는 시리얼에게 편지를 쓴다고 상상해 보세요.

• 어떤 시리얼에게 편지를 쓰고 싶은가요? _____

• 그 시리얼에게 어떤 말을 전하고 싶은가요? _____

_____

_____

정답 1. ② 2. ①O, ②X, ③O 3. (예시) 콘플레이크 시리얼 / "매일 아침 나 덕분에 즐거워하고 바삭하고 든든해서 참 좋아요."

060 cholera 콜레라

노란 담즙의 오해, 콜레라의 진짜 얼굴

듣기만 해도 섬뜩한 콜레라 cholera는 과거 인류를 공포에 떨게 했던 무서운 질병입니다. 이 말의 기원은 고대 그리스로 거슬러 올라갈 만큼 오래되었습니다.

cholera는 '담즙'을 의미하는 그리스어 콜레 kholé에서 유래했습니다. 옛날 사람들은 우리 몸이 혈액, 점액, 검은 담즙, 노란 담즙 이렇게 네 가지 체액으로 이루어져 있다고 생각했습니다. 이 체액들의 균형이 깨지면 병이 생긴다고 믿었죠. 특히 노란 담즙이 너무 많아지면 몸에 심각한 문제가 발생한다고 생각했습니다. cholera는 원래 노란 담즙이 과도하게 분비되어 생기는 급성 소화기 질환을 가리키는 말이었습니다.

그리스와 로마 시대의 의사들은 심한 구토와 설사를 동반하며, 몸에서 수분이 빠져나가는 병을 모두 cholera라고 불렀습니다. 당시에는 특정 세균 때문에 이러한 질병이 발생한다는 사실을 몰랐으므로 지금 우리가 알고 있는 콜레라와는 조금 달랐던 것이죠.

19세기 들어 콜레라가 전 세계적으로 유행하면서 많은 사람들이 병에 희생되었습니다. 연구를 거듭한 의사들은 이 질병이 세균에 의해 감염되는 병으로, 오염된 물과 음식을 섭취했을 때 걸린다는 사실을 알게 되었어요. 이후로 cholera는 담즙과 관련된 문제가 아니라, 특정 전염병을 가리키는 말로 바뀌었습니다.

1. 다음 중 'cholera'라는 단어의 어원과 의미 변화에 대한 설명으로 가장 적절한 것은 무엇인가요?

① 라틴어로 '몸이 차가워지다'를 뜻하는 단어에서 유래되었으며, 한랭 지역에서 유행한 감기 증상을 가리킨다.
② 고대 이집트에서 전염병을 퍼뜨리는 신의 이름에서 비롯되었으며, 저주받은 병을 뜻했다.
③ 중세 유럽에서 '수도자의 병'으로 불리며 명상 중에 발생하는 영적 탈진을 의미했던 단어이다.
④ 고대 그리스어로 '담즙'을 뜻하는 말에서 유래되었으며, 원래는 소화기 질환을 가리키는 말이었다가 나중에 세균성 전염병을 뜻하게 되었다.

2. 아래 단어와 뜻을 잘 읽고, 알맞게 선을 그어 보세요.

cholera(콜레라) •   ① 노란 담즙이라는 뜻의 그리스어

kholé(콜레) •   ② 몸속 네 가지 액체가 균형을 이루어야 건강하다고 본 생각

체액 이론 •   ③ 세균으로 인한 전염병이라는 사실이 밝혀짐

19세기 •   ④ 과거에는 급성 소화기 병을 뜻했으나 지금은 전염병을 뜻함

3. 콜레라처럼, 다른 병들도 이상한 이름을 가질 수 있어요! 여러분이 새로 만든 병의 이름과 그 병의 특징은 무엇인가요?

• 병의 이름 _____

• 이 병에 걸리면 어떤 일이 생기나요? _____

• 이 병을 치료하려면 무엇을 해야 하나요? _____

_____

정답 1. ④ 2. ④-①-②-③ 3. (예시) 웃음병 / 하루 종일 웃음이 멈추지 않음 / 웃긴 영상을 나눠 보면 나아요.

061 computer
컴퓨터, 계산기

계산의 동반자에서 인류의 동반자로

컴퓨터는 일상생활에서 떼려야 뗄 수 없는 존재가 되었지만, 처음 생겨날 당시의 의미는 지금과는 조금 다릅니다. computer는 '함께'를 뜻하는 com과 '계산하다' 또는 '생각하다'를 뜻하는 putare가 합해진 라틴어 computare에서 유래했습니다. 원래는 '함께 계산하는 사람'을 나타내는 말이었습니다.

19세기와 20세기 초반, computer는 실제로 복잡한 계산을 수행하는 사람들을 의미했습니다. 특히 천문학, 공학, 금융 분야에서 정확한 계산이 필요할 때 이 '함께 계산하는 사람들'이 수작업으로 계산했습니다. 당시에는 주로 여성들이 이 일을 맡았는데, 그들은 뛰어난 수학적 능력을 바탕으로 복잡한 계산을 수행했습니다.

그러다가 시간이 흐르면서 주판, 기계식 계산기 등 다양한 계산 도구들이 등장했는데, 이것들이 컴퓨터의 전신이라고 할 수 있습니다. 컴퓨터가 본격적으로 발전하기 시작한 것은 제2차 세계대전 시기입니다. 당시 연합군은 암호를 해독하기 위해 최초의 현대적인 컴퓨터를 개발했고, 이는 전쟁의 승패를 가르는 중요한 요소가 되었습니다. 하지만 초기 컴퓨터는 진공관을 사용하여 만들었기 때문에 방 하나를 차지할 정도로 부피가 크고 전력 소비도 많았습니다. 이후 트랜지스터와 집적회로의 발명으로 크기는 작아지고, 성능은 비약적으로 향상되었습니다. 이렇게 전자식 계산기가 발명되면서, '컴퓨터'는 사람을 지칭하는 말에서 기계로 의미가 바뀌었습니다.

144

1. 다음 중 computer라는 단어의 유래와 의미 변화에 대해 가장 알맞은 설명은 무엇인가요?

① computer는 처음부터 기계를 뜻하는 말이었다.
② computer는 '혼자 계산하는 장치'라는 뜻에서 시작되었다.
③ computer는 '함께 계산하는 사람'이라는 뜻에서 시작되었다.
④ computer는 계산 대신 그림을 그리는 사람을 가리켰다.

2. 다음 중 computer라는 단어가 가장 잘 어울리는 상황은?

① 한복을 입고 전통놀이를 체험하며 세시풍속에 대해 배웠다.
② 수학 시간에 손으로 계산하는 대신 프로그램을 이용해 복잡한 공식을 풀었다.
③ 체육 시간에 친구들과 농구 경기를 하며 땀을 흘렸다.
④ 음악 시간에 리코더로 '작은 별'을 연주했다.

3. computer는 처음엔 '사람'을 뜻하다가, 지금은 '기계'를 뜻하게 되었어요. 컴퓨터 덕분에 어떤 일을 더 쉽게 하게 되었는지, 그리고 컴퓨터가 없었다면 어떤 점이 불편했을지 적어 보세요.

_____
_____
_____

정답 1. ③ 2. ② 3. (예시) 컴퓨터로 멀리 있는 자료를 빨리 찾아서 좋아요. 컴퓨터가 없었으면 숙제 해서 낼 때 시간이 오래 걸렸을 거예요.

062 cosmos
우주

질서와 조화의 상징, 코스모스

'우주'를 뜻하는 영어 단어 cosmos는 고대 그리스어 kosmos에서 유래했습니다. kosmos는 단순히 '질서'나 '조화'를 넘어, '세상', '우주' 등 다양한 의미를 가졌습니다. 고대 그리스인들은 우주를 혼돈 속에서 질서가 형성된 아름다운 조화로 보았기 때문에, cosmos는 자연의 균형과 조화를 나타내는 말로 사용되었습니다.

cosmos는 철학과 과학을 아우르는 포괄적인 개념이었습니다. 고대 철학자들은 우주의 기원과 구조를 탐구하며 cosmos에 대한 다양한 이론을 제시했습니다. 특히 피타고라스는 우주가 수학적인 질서로 이루어져 있다고 믿었습니다. 그는 별과 행성들의 운동이 마치 음악의 화음처럼 완벽한 조화를 이룬다고 생각했죠. 이러한 그의 우주관은 이후 서양 철학과 과학에 큰 영향을 미쳤습니다. 고대 철학자들은 물, 불, 공기, 흙이 우주를 구성하는 기본 요소라고 생각했습니다. 이 네 가지 원소가 서로 균형을 이루어야 우주가 안정적으로 유지된다는 것이었죠. 하지만 현대 과학의 발전과 함께 이러한 이론은 더욱 복잡한 우주의 모습을 설명하기에는 한계가 있다는 것이 밝혀졌습니다.

흥미롭게도, cosmos는 혼돈을 의미하는 chaos(카오스)와 대조되는 개념으로 자주 사용됩니다. 많은 신화에서 우주는 혼돈의 상태인 카오스에서 시작되어 질서 있는 코스모스로 변화하는 과정을 보여줍니다.

> **Tip**
> cosmos는 현대에 들어서도 많은 사람에게 영감을 주었습니다. 특히 천문학자 칼 세이건Carl Sagan의 책과 TV 시리즈 「코스모스Cosmos」는 많은 사람에게 우주의 아름다움과 신비를 일깨웠습니다. 이 책은 우주의 탄생과 진화, 그리고 인간의 존재 의미를 탐구하며, 우주에 대한 과학적 지식을 대중에게 쉽게 전달합니다.

1.

'cosmos'는 고대 그리스어에서 어떤 뜻을 가졌고, 어떤 관점에서 우주를 설명하던 말이었나요?

① 우주를 뜻하는 라틴어에서 왔으며, 별자리를 정리한 말이다.

② 우주를 무서운 혼돈으로 보며 두려움을 표현한 단어였다.

③ 질서와 조화를 뜻하는 고대 그리스어에서 유래되었고, 세상을 아름다운 질서로 본 말이다.

④ 고대 그리스인들은 우주를 혼란과 전쟁의 공간으로 여겼다.

2.

다음 문장을 읽고 맞으면 O, 틀리면 X 표시해 보세요.

① 밤하늘의 별들이 아름답게 빛나는 모습을 보고 '코스모스가 예쁘다'고 말할 수 있다. ☐

② cosmos는 우주뿐만 아니라 '질서'와 '조화'라는 의미도 갖고 있다. ☐

③ cosmos는 고대 그리스어에서 '혼란'이나 '무질서'를 뜻하는 말이었다. ☐

3.

여러분이 우주를 보며 "정말 멋지다!"고 느꼈던 순간이 있었나요?

• 내가 본 우주의 모습은? _____

• 왜 우주가 '질서와 조화'처럼 느껴졌나요?

_____

_____

_____

정답 1. ③ 2. O, O, X 3. (예시) 밤하늘에 별이 가득하고, 별자리가 펼쳐졌어요. / 별들이 마치 계획된 것처럼 자리를 지키고 있어서 신기했어요.

063 crocodile
악어

악어가 자갈 위의 벌레라고?

악어, 이름만 들어도 무시무시한 물속 포식자를 나타내는 영어 단어 crocodile의 기원은 역사가 깊습니다. crocodile은 고대 그리스어로 '돌멩이, 자갈'을 뜻하는 krokè와 '벌레'나 '작은 동물'을 의미하는 drilos가 합쳐진 krokódilos에서 유래했어요. krokódilos는 글자 그대로 '자갈 위에 사는 작은 동물'을 뜻했습니다.

고대 그리스인들은 이집트를 방문했다가 나일강 근처에서 악어를 처음 보았습니다. 거대한 몸집에도 불구하고 악어가 강바닥의 자갈 위에 숨어 있다가 먹이를 덮치는 모습이 마치 자갈처럼 보이는 벌레 같다고 해서 krokódilos라고 불렀습니다. 그리스의 역사가 헤로도투스 Herodotus는 악어가 자갈 위에서 햇볕을 쬐는 습성이 있다고 기록했습니다.

그 뒤 로마인들이 그리스 문화를 받아들이며, krokódilos는 라틴어 crocodīlus로 바뀌었고, 이것이 이후 여러 유럽 언어를 거쳐 영어 crocodile로 자리 잡았습니다. crocodile 외에도 악어를 나타내는 또 다른 단어로 alligator가 있는데, '이는 붙잡는 자'라는 뜻을 가진 라틴어에서 유래한 말입니다. 악어의 강력한 턱과 사냥 방식을 나타내는 이름입니다. 악어는 여러 문화에서 다양한 상징으로 쓰였습니다. 이집트에서는 악어를 신성한 동물로 여겨 숭배했으며, 다른 문화권에서는 악의 상징으로 여기기도 했습니다.

1. 다음 중 crocodile이라는 단어가 만들어진 배경으로 가장 알맞은 설명은 무엇인가요?

① 악어가 벌레처럼 작고 귀여워 보여서
② 악어가 자갈 위에서 뛰어다니는 게 재미있어서
③ 악어가 자갈 위에 숨어 있는 모습이 벌레처럼 보였기 때문에
④ 악어가 이집트에서만 사는 동물이라서

2. 아래 단어와 뜻을 잘 읽고, 알맞게 선을 그어 보세요.

crocodile ·　　　　　① 자갈 위에 사는 벌레처럼 보인다고 해서 붙여진 이름
krokodilos ·　　　　② 영어 '악어'라는 단어
alligator ·　　　　　③ '붙잡는 자'라는 뜻을 가진 라틴어에서 유래한 말
헤로도투스 ·　　　　④ 옛날에 악어가 햇볕을 쬔다고 쓴 역사학자

3. 악어는 자갈처럼 조용히 숨어 있다가 순식간에 먹이를 덮친다고 해요. 다른 동물 이름 중에서도, 생김새나 행동에서 유래한 단어를 알고 있나요? 하나만 떠올려 보고 그 이유도 함께 적어 보세요!

_____

_____

_____

> **Tip**
> crocodile's tears는 '악어의 눈물'이라는 뜻으로, 거짓으로 눈물을 흘리는 것을 말합니다. 이 표현은 악어가 먹이를 삼킬 때 눈물을 흘린다는 믿음에서 유래했습니다. 하지만 실제로 악어는 눈물을 흘리는 것이 아니라, 먹이가 입의 윗부분을 눌러 눈에서 액체가 나오는 것입니다.

정답: 1. ③ 2. ②-①-③-④ 3. (예시) 기린이라는 이름은 목이 긴 동물이라 그런 뜻이 있어, 주변에 있는 동물들 중에 몸이 길어!

064 culture
문화

문화란 밭을 가꾸듯 마음을 가꾸는 것

'문화'라는 말을 들으면 무엇이 떠오르나요? 예술, 음악, 전통, 축제처럼 재미있고 신나는 것들이 떠오르지 않나요? 문화는 이 모든 것들을 아우르는 넓은 의미를 지닌 말입니다. 그러나 '문화'를 뜻하는 영어 단어 culture의 어원을 따라가 보면, 원래는 땅을 가꾸고 작물을 키우는 것과 깊은 관련이 있습니다.

culture는 라틴어 cultura에서 유래했습니다. cultura는 '가꾸다' 또는 '경작하다'라는 뜻의 colere에서 파생된 말로서 '경작'이나 '농사'를 의미했습니다. 고대 로마인들은 땅을 잘 가꾸고 돌봄으로써 좋은 작물을 수확할 수 있다고 믿었습니다. 마찬가지로, 사람의 마음과 생각도 잘 가꾸고 돌봐야 한다고 생각했습니다. 그래서 cultura는 단순히 땅을 가꾸는 것뿐만 아니라, 사람의 마음과 지식을 키우는 것을 의미하게 되었습니다.

시간이 흐르면서 cultura는 점점 넓은 의미로 쓰이게 되었어요. 중세 시대 유럽에서는 사람들이 서로 모여 배우고, 예술을 즐기게 되면서 문화라는 개념이 더욱 발전했습니다. 특히 16세기부터는 '지적이고 예술적인 교육'이라는 뜻으로 사용되었고, 18세기와 19세기를 거치면서 우리가 지금 이해하는 '문화'의 개념으로 자리 잡았습니다. 즉, 개인과 사회를 가꾸고 키워 간다는 의미가 담기게 된 것이죠. 그러나 culture에는 여전히 '경작'과 관련된 의미도 남아 있어 aquaculture(수경재배)에서처럼 '재배하다'라는 뜻으로도 쓰입니다.

> **Tip**
> 사람들이 오랫동안 함께 만드는 생활방식인 문화는 많은 것들로 이루어져 있어요. 예를 들어, art(예술), music(음악), language(언어), cuisine(음식), religion(종교), festival(축제), fashion(패션), folklore(민속), tradition(전통) 등도 모두 문화라고 할 수 있어요.

1. **culture라는 단어는 어떻게 '사람의 마음을 가꾸는 것'이라는 뜻으로 바뀌게 되었나요?**

① 원래부터 사람들의 예술 활동을 뜻하는 말이었기 때문이다.
② 노래와 춤을 좋아하던 사람들에 의해 생긴 말이다.
③ 땅을 잘 돌보는 것처럼 마음도 잘 가꿔야 한다는 생각에서 비롯되었다.
④ 중세 유럽에서 공부를 많이 한 사람들만 쓰던 말이었기 때문이다.

2. **다음 중 culture라는 단어가 가장 잘 어울리는 상황은?**

① 농촌 체험 마을에서 논에 물을 대고 모를 심었다.
② 여러 나라의 전통 춤과 음악을 소개하는 세계 문화 축제가 열렸다.
③ 친구들과 함께 마트에서 장을 보고 저녁 식사를 준비했다.
④ 체육 시간에 배드민턴 라켓을 들고 경기를 준비했다.

3. **여러분이 자란 집이나 학교, 또는 가족만의 문화는 어떤 게 있나요?**

• 내가 자주 하는 문화 활동은?

_____

_____

• 그 활동이 재미있는 이유는?

_____

_____

정답 1. ③ 2. ② 3. (예시) 우리나라의 옛날 민속놀이 / 옛날이야기 듣기, 재미있고 해서 배울 수 있어서 좋아요.

065 diary
일기

하루의 기록에서
삶의 기록으로

우리가 흔히 쓰는 '일기'는 영어로 diary라고 합니다. 매일의 일들을 기록하는 diary의 어원을 살펴보면, 단순히 하루를 정리하는 도구를 넘어 우리 삶의 소중한 기록이 된다는 깊은 의미를 발견할 수 있습니다.

diary는 '하루'를 뜻하는 라틴어 dies에서 파생된 diarium에서 유래했습니다. diarium은 원래 하루 동안의 활동이나 생각을 기록하는 것을 의미했습니다. 고대 로마인들은 하루하루의 일정을 꼼꼼히 기록하는 것을 중요하게 여겼는데, 특히 diarium은 로마인들이 일상적으로 작성한 시간표나 재정 기록을 뜻했어요.

이후 중세 유럽에서도 이렇게 기록하는 전통이 이어졌고, 시간이 지나면서 diarium은 diary로 형태가 변하며, 오늘날 우리가 알고 있는 일기장을 가리키는 말로 사용되기 시작했어요. 특히 17세기 이후, 사람들은 자신의 감정, 생각, 경험 등을 일기에 적어 두는 것을 좋아했습니다. 이때부터 diary는 단순한 하루의 기록을 넘어, 자기 내면을 들여다보고 성장하는 데 도움이 되는 수단이 되었습니다.

하루하루가 쌓이면 나만의 보물이야!

흥미롭게도 프랑스어로 '하루'를 뜻하는 jour에서 유래한 journal 역시 일기를 의미하지만 약간 다른 뜻으로 쓰입니다. diary가 주로 일상생활에서 일어나는 일들을 기록하는 것이라면, journal은 여행이나 특별한 사건 등을 기록하는 것이랍니다.

1. **diary라는 단어는 어떤 어원에서 비롯되었고, 어떤 의미의 변화를 겪었나요?**

① 고대 로마어로 '밤'을 뜻하는 단어에서 시작되어 꿈을 적는 노트가 되었다.

② 라틴어 'dies(하루)'에서 유래되어, 일과 재정을 기록하던 도구에서 개인 감정을 적는 일기로 바뀌었다.

③ 중세 유럽에서 종교적 고백을 적던 책에서 유래했다.

④ 프랑스어에서 유래되어 매일 일어나는 뉴스를 기록하는 수첩이 되었다.

2. **다음 문장을 읽고 맞으면 ○, 틀리면 ✕ 표시해 보세요.**

① diary는 라틴어 dies에서 유래했으며, 하루의 일과나 생각을 기록하는 데서 시작되었다. ☐

② journal은 일반적으로 오늘 있었던 일을 짧게 적는 기록을 말한다. ☐

③ 매일 학교생활을 기록한 공책을 영어로 journal이라 부르는 것이 일반적이다. ☐

3. **일기(diary)를 쓰는 것이 왜 중요한지, 또는 나에게 어떤 의미가 있는지 생각해 보세요.**

정답 1. ② 2. ○, ✕, ✕ 3. (예시) 일기를 쓰면 내가 어떤 하루를 보냈는지 돌아볼 수 있고, 나중에 기억이 사라져도 그때의 생각과 감정이 남아서 좋아요. 마음이 나빠질 때에도 쓰다 보면 생각이 풀려요.

새로운 언어의 길라잡이, 사전

066 **dictionary** 사전

우리가 모르는 말을 찾아볼 때 빼놓을 수 없는 것이 바로 사전이죠. 영어로는 dictionary라고 하는데, 이 말은 라틴어 dictionarium에서 유래했습니다. dictionarium은 '말' 또는 '표현'을 뜻하는 dictio에서 파생된 단어로 '말을 모아놓은 것'이라는 뜻입니다. 처음에는 단어와 그 뜻을 기록한 목록을 가리키는 말로 사용되었습니다.

중세 유럽에서는 학문과 종교에서 라틴어가 중심 언어로 사용되면서, dictionarium은 다른 언어를 배우거나 번역하는 데 중요한 도구로 여겨졌습니다. 당시 사람들은 새로운 언어를 익히기 위해 단어의 목록을 만들어 사용했는데, 이것이 오늘날 사전의 기원이 되었습니다. 16세기에 이르러 영어에 dictionary가 처음 등장했는데, 단어를 체계적으로 정리한 책을 가리키는 말이었습니다.

예전의 사전은 현재 우리가 알고 있는 사전의 모습과는 달랐습니다. 1604년에 로버트 코드리Robert Cawdrey가 출간한 『알파벳순 단어 목록A Table Alphabetical』은 최초의 영어 사전으로 꼽히는데, 대략 2,500개의 단어와 그 풀이가 담겨 있었습니다. 이 사전은 오늘날처럼 많은 단어와 뜻보다는, 당시 사람들이 이해하기 힘든 어려운 단어들을 쉽게 설명하는 데 초점을 맞추었습니다. 이후 수 세기에 걸쳐 사전은 계속 발전해 오늘날에는 수백만 개의 단어와 표현을 담고 있습니다.

1. dictionary는 어떤 말에서 유래했으며, 원래 어떤 뜻을 가지고 있었나요?

① '책을 읽다'라는 뜻에서 유래했으며, 독서 목록을 뜻했다.
② '문장을 쓰다'라는 말에서 유래했으며, 글쓰기 도구를 의미했다.
③ '말'이라는 뜻의 단어에서 유래했으며, 말을 모아 놓은 목록을 뜻했다.
④ '지식'이라는 뜻에서 유래했으며, 학교에서만 쓰는 책을 의미했다.

2. 아래 단어와 뜻을 잘 읽고, 알맞게 선을 그어 보세요.

dictionary ・　　　　　① 라틴어로 '말' 또는 '표현'을 뜻함
dictionarium ・　　　　② '말을 모아놓은 것'을 의미하는 라틴어 단어
dictio ・　　　　　　　③ 단어의 뜻을 찾을 수 있는 책
『알파벳순 단어 목록』・　④ 최초의 영어 사전 이름

3. 여러분이 만든 사전이 있다면 어떤 단어들을 넣고 싶나요?

• 내가 넣고 싶은 단어 3개는? _____

_____

• 왜 이 단어들을 넣고 싶나요? _____

_____

• 나만의 사전 이름을 붙인다면? _____

_____

067 eagle 독수리

로마 제국의 상징에서 미국의 국조까지

'독수리'를 의미하는 영어 단어 eagle은 라틴어 aquila에서 유래했습니다. aquila는 날카로운 눈과 강한 발톱을 지닌 맹금류를 가리키는 말이었습니다. 로마인들은 aquilla를 숭배했습니다. 그래서 독수리의 힘과 용맹함을 본받듯 군단의 상징으로 aquila가 새겨진 깃발을 들고 전쟁터로 나섰습니다. 라틴어 aquila는 프랑스어로 넘어가 aigle이 되었고, 시간이 지나면서 영어 eagle이 되었습니다.

eagle은 단순히 새를 가리키는 말을 넘어서 다양한 문화적 상징성을 띠게 되었습니다. 많은 문화에서 독수리는 신성한 동물로 여겨졌어요. 그리스 신화에서는 제우스, 로마 신화에서는 유피테르를 상징하는 새였습니다. 고대 로마에서는 aquila가 제국의 힘과 권위를 상징했고, 이 전통은 이후 유럽 여러 나라로 퍼졌어요. 독일과 러시아 등 여러 국가의 국기나 문장에 eagle이 등장하는 것도 이 때문이죠. 특히 미국 대통령기에 그려진 미국의 국조(國鳥)는 자유와 독립을 상징하는 흰머리독수리 bald eagle 입니다.

독수리는 날카로운 눈과 강력한 발톱으로 사냥하는 뛰어난 사냥꾼입니다. 이런 특성 때문에 eagle은 사람이나 조직의 뛰어난 능력을 나타내는 말로도 사용됩니다. 예를 들어, 골프에서 eagle은 기준 타수보다 두 타를 적게 치는 것을 의미하는데, 이는 매우 어려운 일이기 때문에 뛰어난 실력을 갖춘 사람에게만 주어지는 칭찬이랍니다.

1. **eagle이라는 단어에 대한 설명으로 가장 알맞은 것은?**

① eagle은 고대 이집트에서 태양을 상징하던 새 이름에서 유래했다.
② eagle은 라틴어 aquila에서 유래하여, 단순한 새를 넘어서 문화적 상징이 되었다.
③ eagle은 그리스어 '에그레고르'에서 유래했으며 자유를 뜻한다.
④ eagle은 원래 '물가에 사는 새'를 뜻하는 말이었다.

2. **다음 중 eagle이라는 단어가 가장 자연스럽게 쓰일 수 있는 상황은?**

① 산속 오솔길을 따라 걷다가 다람쥐와 고슴도치를 관찰했다.
② 공군 전시회에서 독수리 문양이 그려진 전투기를 보았다.
③ 해변에서 조개껍데기를 주우며 물놀이를 즐겼다.
④ 수족관에서 열대어가 헤엄치는 모습을 지켜보았다.

3. **독수리eagle가 단순한 새를 넘어 상징적인 의미로 발전한 이유는 무엇일까요? 어떤 점이 인상 깊었나요?**

_____
_____
_____

정답 1. ② 2. ② 3. (예시) 많은 문화권에서 독수리를 신성한 동물로 여겼기 때문에 / 제국의 휘장 나타내거나, 나라의 상징이 된 것이 신기하고 생각해요.

068 flamingo 홍학

플라멩코 춤과 홍학이 같은 말에서 나왔다고?

긴 다리와 S자형 목, 그리고 붉은 깃털로 유명한 홍학을 의미하는 영어 단어 flamingo는 '불처럼 타오르다'라는 뜻의 스페인어 flamenco에서 온 말입니다. flamenco는 '불꽃'이나 '화염'을 의미하는 라틴어 flamma에서 유래했습니다. 홍학의 붉은 깃털이 마치 타오르는 불꽃처럼 보여서 붙여진 이름입니다. 타오르듯 강렬한 열정을 표현하는 스페인의 춤 플라멩코flamenco 역시 같은 어원에서 유래했습니다.

신기하게도 홍학은 처음 태어날 때는 흰색 깃털을 가지고 태어난답니다. 그렇다면 어떻게 주홍빛 깃털로 변하는 것일까요? 그 비밀은 바로 홍학이 먹는 먹이에 있습니다. 홍학은 주로 얕은 호수나 늪지대에서 작은 갑각류나 플랑크톤을 먹는데, 이 먹이에는 카로티노이드라는 색소가 풍부하게 들어 있어요. 이 색소가 간에서 변화하여 깃털에 축적되면서 아름다운 붉은색을 띠게 되는 것이죠. 그래서 홍학은 먹는 먹이의 종류에 따라 깃털의 색깔이 조금씩 달라질 수 있습니다.

flamingo는 무리 지어 살며, 긴 다리와 목을 이용하여 물속에 있는 먹이를 걸러 먹는 독특한 습성을 갖고 있습니다. 또한 한쪽 다리로 서서 잠을 자는 모습도 자주 볼 수 있는데, 이는 체온을 유지하고 에너지를 절약하려는 방법이라고 합니다.

1. 홍학을 의미하는 영어 단어 flamingo는 'flamma(불꽃)'이라는 말에서 유래했습니다. 그렇다면 홍학의 어떤 모습에서 그러한 이름이 붙었을까요?

① 날개를 활짝 펼친 모습이 멋져서
② 춤을 잘 추는 새라서
③ 깃털이 타오르는 불꽃처럼 보여서
④ 소리를 크게 내기 때문에

2. 다음 문장을 읽고 맞으면 ○, 틀리면 × 표시해 보세요.

① flamingo는 처음부터 빨간 깃털을 가지고 태어난다. ☐
② flamingo의 이름은 '불꽃'이라는 뜻에서 유래했다. ☐
③ 플라멩코 춤과 flamingo는 아무 관련이 없다. ☐

3. flamingo는 불꽃 같은 깃털로 유명해요. 여러분은 어떤 순간에 가장 '불꽃처럼 멋진 나'라고 느껴졌나요?

• 내가 멋졌던 순간 _____

• 왜 그렇게 느꼈나요? _____

069 fortune
운, 행운, 재산

눈을 가린 포르투나, 운명의 수레바퀴를 돌리다

'운, 재산', 혹은 '행운'을 뜻하는 영어 단어 fortune은 고대 로마 신화에 등장하는 행운의 여신 포르투나Fortuna에서 유래했습니다. 포르투나는 사람의 운명과 행운을 관장했는데 다양한 상징으로 표현됐습니다.

포르투나는 주로 두 가지 상징으로 나타났습니다. 하나는 끊임없이 돌아가는 바퀴이고, 다른 하나는 눈을 가린 모습입니다. 돌아가는 바퀴는 인생의 변화무쌍함과 예측 불가능성을 나타내며, 눈을 가린 모습은 포르투나의 선택이 공정하고 편견이 없다는 것을 의미합니다. 로마인들은 포르투나 여신이 바퀴를 돌리며 사람들에게 행운과 불행을 골고루 나눠준다고 생각했습니다.

중세 시대에 들어와 포르투나의 모습은 더욱 구체화하였습니다. 한 손에는 값진 승리의 트로피를, 다른 한 손에는 징벌의 도구를 들고 있는 모습으로 표현되기도 했습니다. 또한, 날개 달린 모습으로 그려져 행운이 쉽게 사라질 수 있음을 상징했고, 불안정한 공 위에 서 있는 모습으로 묘사되어 운명의 불확실성이 강조되었습니다. 심지어 들고 있는 항아리의 바닥에는 구멍이 나 있어 행복이 오래 지속되지 않음을 나타내기도 했습니다. 또한 앞머리를 밀어버리거나 머리를 칭칭 동여매 누구나 행운을 오래 붙들어 둘 수 없는 모습으로 그려졌습니다. 이처럼 fortune 속에는 옛사람들이 믿었던 운명과 행운에 대한 철학이 담겨 있습니다.

> **Tip**
> 단테의 「신곡」에서는 운명의 수레바퀴가 중요한 역할을 합니다. 지옥에서는 악마가 돌리는 운명의 수레바퀴에 죄인들이 괴로워합니다. 이는 죄로 인해 바뀌는 운명과 그에 따른 고통을 상징합니다. 죄를 뉘우치며 정화되는 연옥에도 운명의 수레바퀴는 있지만, 그걸 이겨내고 자신의 의지로 천국에 가야 한다는 것을 보여 줍니다.

1. 다음 중 영어 단어 fortune의 어원과 그에 담긴 상징에 대해 가장 정확히 설명한 것은 무엇인가요?

① 고대 스칸디나비아 신화의 풍요의 신에서 유래했으며, 주로 물질적 부유함만을 의미했다.
② 중세 유럽에서 유행한 보드게임의 이름에서 유래했으며, 운의 가벼움을 비유적으로 표현했다.
③ 고대 로마의 여신 포르투나에서 유래했으며, 회전하는 바퀴와 눈을 가린 모습 등으로 행운과 운명의 불확실성을 상징했다.
④ 고대 그리스의 수학자 피타고라스가 사용한 '우연의 수열'을 의미하며, 논리적 확률 개념에서 발전된 단어이다.

2. 다음 문장을 읽고 맞으면 O, 틀리면 X 표시해 보세요.

① 포르투나는 눈을 가리고 있는 모습으로 표현되기도 한다. ☐
② fortune은 항상 좋은 일, 기쁜 일만을 뜻한다. ☐
③ 포르투나는 불안정한 공 위에 서 있는 모습으로도 그려졌다. ☐

3. 포르투나 여신의 상징 중 가장 기억에 남는 것은 무엇인가요? 왜 그게 인상 깊었는지 자신의 생각을 말해 보세요.

_____
_____
_____

070 **frank**
출직한

frank의 놀라운 변신, 민족에서 성격으로

'솔직하다'라는 뜻의 영어 단어 frank는 자기 생각이나 마음을 숨김없이 말할 때 사용하는 표현입니다. 그런데 흥미롭게도 frank는 고대 유럽의 한 민족인 프랑크족Franks에서 유래했습니다.

프랑크족은 지금의 프랑스와 독일 지역에 살던 게르만족 중 하나였습니다. 용맹하고 자유로운 민족으로 알려진 프랑크족은 민족 대이동기에 라인강을 넘어 갈리아 지방으로 퍼졌습니다. 5세기 말에는 메로빙거 왕조의 클로비스Clovis 1세가 통일 왕권을 수립하여 프랑크왕국을 건설하였습니다. 이후 프랑크왕국은 서로마 제국의 영토를 대부분 차지하며 큰 세력을 형성했습니다. 중세 유럽에서 프랑크족과 관련된 사람들은 특별한 자유와 권리를 누렸습니다.

이런 배경에서 frank라는 말은 점차 '자유롭다' 또는 '특권을 갖다'라는 의미로 사용되기 시작했습니다. 솔직하게 말할 자유가 있는 사람, 숨김없이 진실을 말하는 사람을 frank라고 부르게 된 것입니다. 시간이 흐르면서 'frank'는 특정 민족을 가리키는 말에서 벗어나, 솔직하고 직설적인 성격을 가진 사람을 묘사하는 형용사로 자리 잡았습니다. 오늘날 frank는 거침없이 솔직하고 직설적이라는 의미로 사용됩니다.

1. 영어 단어 frank는 어떤 과정을 거쳐 '솔직한'이라는 뜻이 되었을까요?

① '웃음'을 뜻하는 고대 단어에서 유래했다.
② 한 나라에서 사용하던 말이 세계로 퍼지면서 생긴 뜻이다.
③ 프랑크족이라는 민족 이름에서 시작되어, 자유롭게 말하는 사람을 뜻하게 되었다.
④ 프랑스에서 처음 생긴 단어로, 멋진 사람을 가리키는 말이었다.

2. 다음 중 frank라는 표현이 가장 잘 어울리는 상황은?

① 친구가 부탁한 의견을 돌려 말하며 조심스레 표현했다.
② 음식이 입에 안 맞았지만 상대방을 배려해 아무 말도 하지 않았다.
③ 회의 자리에서 솔직하게 "이 아이디어는 효과가 없을 것 같아요."라고 말했다.
④ 처음 만난 사람과 조심스럽게 인사를 나눴다.

3. frank는 자신의 생각을 숨기지 않고 말하는 것을 뜻해요. 여러분도 솔직하게 말했던 기억이 있나요?

- 내가 솔직하게 말했던 일 _____

- 왜 그 말을 해야겠다고 생각했나요? _____

- 그때 기분은 어땠나요? _____

정답 1. ③ 2. ③ 3. (예시) 동생에게 장난감을 양보하라고 말했어요. / 가짓말하지 말고 솔직한 것이 좋아서요. / 솔직히 말하니까 마음이 편해졌어요.

071 **gas**
가스, 기체

혼돈에서 시작된 과학 용어, 가스

우리가 일상에서 자주 사용하는 가스gas라는 말의 어원에는 과학적 발견과 철학적 사고가 결합된 흥미로운 역사가 숨어 있습니다.

우선 gas라는 말은 17세기 네덜란드의 화학자이자 의사였던 얀 밥티스타 반 헬몬트Jan Baptista van Helmont에 의해 처음 만들어졌습니다. 화학 실험을 통해 다양한 물질을 연구하던 헬몬트는 기존에 알려지지 않은 새로운 형태의 물질을 발견했습니다. 바로 우리가 '가스'라고 부르는 기체였죠. 하지만 당시에는 이 새로운 물질을 정확하게 설명할 단어가 없었기 때문에, 직접 이름을 붙이기로 했습니다.

그리스 철학에 관심이 많았던 반 헬몬트는 특히 '카오스chaos'라는 말에 주목했습니다. 그리스어 '카오스'는 무질서하고 혼란스러운 '혼돈'이라는 뜻입니다. 반 헬몬트는 새로운 물질이 눈에 보이지 않고 형태가 불분명하여 카오스와 비슷하므로 gas라는 이름을 붙였습니다. 카오스에서 영감을 받았지만, 새로운 개념을 나타내기 위해 약간의 변형을 가한 것입니다.

이후 gas라는 말은 과학 분야에서 빠르게 확산하여, 눈에 보이지 않는 기체 상태의 모든 물질을 가리키는 말로 사용되었습니다. 산소, 수소, 이산화탄소, 도시가스 등 우리 주변에서 쉽게 접할 수 있는 다양한 기체들이 모두 가스라는 이름으로 불리고 있습니다.

1. 다음 중 영어 단어 gas의 기원과 명명 배경에 대해 가장 잘 설명한 것은 무엇인가요?

① 라틴어 gaze에서 유래된 단어로, 공기 중에 떠 있는 물질을 의미했다.

② 17세기 화학자인 반 헬몬트가 '카오스(혼돈)'에서 영감을 받아 새로운 기체 상태 물질에 붙인 이름이다.

③ 중세 연금술에서 사용된 은어에서 유래한 단어로, 독성이 있는 연기를 가리켰다.

④ 고대 로마의 풍신(風神) 가스투스에서 유래했으며, 바람처럼 움직이는 물질을 의미했다.

2. 다음 문장을 읽고 맞으면 ○, 틀리면 × 표시해 보세요.

① 집에서 사용하는 도시가스는 눈에 보이지 않지만, gas의 한 종류이다. ☐

② 생수를 끓이면 수증기가 되는데, 이 수증기도 gas에 해당한다. ☐

③ 얼음을 냉동실에 오래 두면 결국 gas가 되어 사라진다. ☐

3. 보이지 않지만 느껴지는 것에 이름을 붙여 보세요! 우리 눈에는 안 보이지만 확실히 있는 것에는 어떤 게 있을까요?(예: 공기, 냄새, 기분, 생각 …) 그런 것 중에서 하나를 골라 이름을 새로 지어 보세요. 그 이름을 지은 이유도 함께 써 보세요.

_____

_____

_____

072 giant
거인, 위대한 사람

올림포스 신화 속 기간테스, giant의 뿌리

'거인'을 뜻하는 영어 단어 giant의 기원은 고대 그리스 시대로 거슬러 올라갑니다. giant는 '거인'을 뜻하는 고대 그리스어 기가스gigas에서 유래했는데, gigas는 그리스 신화에 나오는 거인족 기간테스Gigantes에서 파생된 말입니다. 기간테스는 땅의 여신 가이아와 하늘의 신 우라노스 사이에서 태어난 거대한 신들로, 올림포스 신들과 치열한 전쟁을 벌였습니다. 결국 올림포스 신들에게 패배한 뒤 땅속 깊숙한 곳에 갇혔다는 이야기가 전해집니다. 그래서 사람들은 이들이 땅 밖으로 나오려 할 때마다 지진이 발생한다고 믿었습니다.

로마인들은 gigas를 번역하여 기간템giantem이라 불렀고, 1297년 역사가 글로스터의 로버트Robert of Gloucester가 쓴 『영국 연대기』에 처음으로 언급되며 영어로는 giant로 불리게 되었습니다. 이후 giant는 여러 민속과 신화에 등장하며 단순히 크기만을 의미하는 것이 아니라, 때로는 힘과 위엄을 상징하는 존재로 인식되었습니다.

현대에 들어와서 giant는 신화와 문학을 넘어, 다양한 분야에서 자주 사용됩니다. 예를 들어, 거대한 규모와 영향력을 가진 기업을 '산업의 거인'으로, 특정 분야에서 뛰어난 업적을 이룬 인물을 '지식의 거인'으로 부르기도 합니다. 이는 단순히 물리적 크기뿐만 아니라, 사회적, 문화적 영향력이 크다는 것을 나타냅니다.

1.

다음 중 giant라는 단어의 어원과 의미 변화에 대해 가장 정확하게 설명한 것은 무엇인가요?

① 고대 로마의 군사 계급에서 유래했으며, 뛰어난 무력의 상징으로 쓰였다.
② 고대 그리스 신화의 기간테스에서 유래했으며, 원래는 땅의 여신 가이아의 자식들로 신들과 싸운 거인을 가리켰다.
③ 중세 프랑스의 동화에 등장하는 인물 이름에서 비롯되었으며, 상상 속의 괴물을 의미했다.
④ 고대 북유럽의 설화에 등장하는 요툰에서 유래한 말로, 얼음 거인을 의미했다.

2.

아래 단어와 뜻을 잘 읽고, 알맞게 선을 그어 보세요.

giant · ① 크기뿐 아니라 힘과 위엄까지 가진 큰 존재예요.
지진 · ② 영어 'giant'의 뿌리가 된 그리스어예요.
기간테스 · ③ 땅과 하늘의 신 사이에서 태어난 거인들이에요.
기가스 · ④ 고대 사람들은 거인이 땅 밖으로 나오려 할 때 생긴다고 믿었어요.

3.

여러분이 느꼈던 '거인처럼 느껴졌던 사람'이나 존재는 누구였나요? 그 사람의 어떤 점 때문에 그렇게 생각했나요?(힘, 마음, 영향력 등) 만약 여러분이 'giant'가 된다면, 누구를 어떻게 도와주고 싶을까요?

· 존재 _____

· 이유 _____

· 누구를 어떻게 도와주고 싶나요? _____

정답 1. ② 2. ①-③-②-④ 3. (예시) 우리 동네 할머니 / 몸이 불편하시지만 늘 지혜로운 말씀을 해 주시는 모습이에요. / 마음이 곧 giant인 사람이 친구가 힘들 때 옆에 있어 주고 싶어요.

January 1월

1월이 두 얼굴의 신에게서 생겨났다고?

1월을 나타내는 영어 단어 January는 로마 신화에 나오는 야누스Janus에서 유래한 말입니다.

고대 로마인들은 야누스를 과거와 미래를 동시에 바라보는 특별한 능력을 갖춘 신으로 숭배했습니다. 그림이나 조각상에서 야누스는 반대 방향을 바라보는 두 얼굴의 모습으로 묘사되는데, 이는 과거와 미래를 모두 아우르는 특징을 상징합니다. 원래 야누스는 다른 국가에서 추방되어 로마에 정착한 뒤 통치자가 된 인물이었어요. 선박과 화폐를 도입하는 등 여러 공적을 쌓고 죽은 뒤 신격화되어 문의 신으로 숭배되었습니다.

야누스는 집의 문이나 도시의 관문을 관장하며 공간을 연결하는 문지기 역할을 했습니다. 또한, 모든 사물과 계절의 시작을 관장했으므로 사람들은 결혼식이나 출정식 등 중요한 의식에서 야누스 신에게 빌었습니다. 고대 로마의 왕 누마 폼필리우스Numa Pompilius는 한 해를 10개월로 나눈 기존의 역법을 개혁하여 12개월로 나누었습니다. 그리고 연초에는 야누스 신에게 제사를 지내며 새해의 시작을 축하하고 행운을 기원하는 의식을 거행했습니다. 또한 1월에 야누스 신의 이름을 붙여 야누리우스Janurius로 불렀는데, 이 말이 지금의 January가 되었습니다.

중세 시대에는 두 얼굴을 가진 특성 때문에 겉과 속이 다른 사람을 야누스에 비유하기도 했습니다. 오늘날 '야누스의 얼굴'은 상황에 따라 다른 태도를 보이는 사람을 뜻합니다.

1. January는 어떤 과정을 거쳐 '1월'을 뜻하게 되었을까요?

① 겨울을 좋아했던 북유럽 신화의 신 이름에서 유래되었다.
② 로마의 시간의 신 크로노스에서 유래한 말이다.
③ 두 얼굴을 가진 문지기 신 야누스의 이름 Janurius에서 비롯되었다.
④ 1월에 태어난 왕의 이름을 본따 붙여진 단어이다.

2. 다음 문장을 읽고 맞으면 O, 틀리면 X 표시해 보세요.

① 새해가 시작되는 1월의 이름은 과거와 미래를 함께 본다는 신 야누스에서 유래했다. ☐
② 1월이 되면 미국과 유럽에서는 대부분 야누스 신에게 제사를 지낸다. ☐
③ 1월은 한 해의 문을 여는 달이라는 의미도 담고 있어, 계획을 세우기 좋은 시기로 여겨진다. ☐

3. Janus는 과거와 미래를 모두 바라보는 신이에요. 여러분도 한 해가 바뀔 때 어떤 마음이 드나요?

• 지난 해 가장 기억에 남는 일은? _____

_____

• 새해에는 어떤 바람을 가지고 있나요? _____

_____

정답 1. ③ 2. ① O, ② X, ③ O 3. (예시) 자유롭게 발표를 정확히 하지 않는 자신감 있게 / 더 자신감 있게 발표하고 싶어요.

074 music
음악

뮤즈의 예술, 음악의 기원

'음악'을 의미하는 영어 단어 music은 오래전 그리스 신화에서 시작된 말입니다. 고대 그리스인들은 음악을 그냥 소리만 내는 것이 아니라, 예술의 여신인 뮤즈들이 준 특별한 선물이라고 생각했습니다. music은 '뮤즈Muses의 예술'이라는 의미의 고대 그리스어 무지케mousikē에서 유래했습니다.

뮤즈는 그리스 신화에서 예술, 과학, 문학을 주관하는 아홉 여신으로, 각각의 뮤즈가 시, 역사, 춤 등 다양한 분야를 담당하고 있었습니다. 그중에서도 음악을 관장하는 뮤즈인 칼리오페Calliope는 시를 짓거나 노래를 부르는 사람들에게 영감을 주고, 아름다운 음악을 만들 수 있도록 도와주었답니다. 그래서 고대 그리스 사람들은 음악을 '뮤즈의 예술', 즉 mousikē라고 불렀습니다. 그리스인들에게 음악은 단순한 오락이 아니라 신성한 예술이었고, 삶과 문화의 중요한 부분이었습니다. 당시 그리스에서는 음악이 시, 춤, 극 등과 결합된 종합 예술로 여겨졌는데, 이는 뮤즈들이 다양한 예술을 주관하고 있다는 믿음에서 비롯되었습니다.

로마 시대로 넘어오면서 그리스어 mousikē는 라틴어 musica로 바뀌었고, 중세 영어를 거쳐 현재의 music이 되었습니다. 그리스어와 라틴어에서 음악은 예술적이고 철학적인 의미가 담겨 있었지만, 현대에 이르러 음악은 모든 사람이 쉽게 즐길 수 있는 보편적인 예술로 자리 잡게 되었습니다.

1. 'music'이라는 단어의 어원과 그 의미가 바뀐 과정을 바르게 설명한 것은?

① 음악은 뮤즈 여신이 준 예술로 여겨졌고, 이후 모두가 즐기는 예술이 되었다.
② 고대 그리스에서 음악은 신이 금지한 금단의 예술로 여겨졌다.
③ 음악은 처음에 요리나 미술처럼 손재주를 뜻하는 말이었다.
④ 음악이라는 단어는 처음부터 춤과는 아무 관계가 없었다.

2. 아래 단어와 뜻을 잘 읽고, 알맞게 선을 그어 보세요.

mousikē •	① 모두가 즐기고 감상할 수 있는 예술
칼리오페 •	② '뮤즈의 예술'을 뜻하는 고대 그리스어
뮤즈 •	③ 예술, 과학, 문학 등을 주관하는 아홉 명의 여신
music(오늘날 의미) •	④ 음악과 시에 영감을 주는 뮤즈, 칼리오페

3. 고대 사람들은 음악이 뮤즈의 선물이라고 믿었어요. 여러분에게도 뭔가에 영감을 주는 '뮤즈' 같은 존재가 있나요?

• 나의 뮤즈 _____

_____

• 그 존재가 나에게 어떤 영감을 주나요? _____

_____

> **Tip**
> Muse에서 유래한 또 다른 말도 있습니다. museum은 그리스어 뮤제이온Mouseion에서 유래한 단어로 뮤즈를 모시는 신전을 의미했습니다. 원래는 학자들이 모여 연구하고 토론하는 공간이었지만, 이후 예술 작품과 역사적 유물을 소장하고 대중에게 교육하는 공간인 박물관으로 발전했습니다.

정답 1. ① 2. ②-④-③-① 3. (예시) 엄마가 자주 만들어 주시는 맛있는 요리 / 가족에 대한 고마움을 그리고 싶어져요!

075 **ocean**
바다, 대양

모든 바다의 근원, 오케아노스

'바다'를 뜻하는 영어 단어 ocean은 고대 그리스 신화에서 온 말입니다. 옛날 그리스 사람들은 세상을 둥근 접시처럼 생각했는데, 그 주변을 거대한 강이 빙 둘러싸고 있다고 믿었습니다. ocean은 바로 이 강의 신인 오케아노스Okeanos에서 유래한 말입니다.

고대 그리스의 시인 호메로스는 오케아노스를 세계의 근원이자 세계와 바다(지중해)를 감싸고 흐르는 거대한 강으로 묘사했습니다. 오케아노스는 머리부터 허리까지는 흰 수염이 난 사람처럼 생겼지만, 허리 아래로는 비늘이 달린 물고기처럼 생긴 신이었습니다. 모든 강과 바다, 심지어 작은 샘물까지도 오케아노스에서 나왔다고 생각했기 때문에 모든 물의 아버지로 불렸습니다.

고대 그리스 사람들은 오케아노스를 아주 중요하게 생각했는데, 이러한 생각과 개념은 로마인들에게도 그대로 전해지며, 라틴어로는 오케아누스Oceanus라 불렸습니다. 시간이 흐르면서 이 말은 모든 큰 바다를 지칭하는 말로 확장되어 사용되었으며, 영어로 들어와 ocean이 되었습니다.

ocean은 보통 바다를 일컫는 말이지만 지금도 특별한 의미로 쓰일 때가 있습니다. 첫 글자를 대문자로 쓰는 Ocean은 대서양을 나타냅니다.

Tip
물이 흐르는 곳을 부르는 이름은 다양합니다. 땅속에서 솟아나는 샘물은 spring, 작은 연못은 pond, 좁고 얕은 물줄기는 stream이라고 부르죠. 길게 흐르는 강은 river, 호수는 lake, ocean보다 작은 보통 바다는 sea라고 해요.

1. 'ocean'이라는 단어가 생겨난 유래와 의미 변화에 대한 설명으로 가장 알맞은 것은?

① ocean은 고대 중국에서 발명된 항해 기술에서 비롯된 말이다.
② 고대 그리스 신 오케아노스에서 유래하여, 큰 바다를 뜻하게 되었다.
③ ocean은 처음부터 '염분이 많은 물'이라는 과학적 개념이었다.
④ ocean이라는 단어는 원래는 사막을 가리키는 말이었다.

2. 다음 중 ocean이라는 단어가 가장 적절하게 사용된 상황은 무엇인가요?

① 가족과 함께 공원에서 놀다가 연못에 돌을 던졌다.
② 호수에 배를 띄워 낚시를 하며 주말을 보냈다.
③ 바닷가에서 파도 소리를 들으며 "이 넓은 ocean을 보면 마음이 시원해져."라고 말했다.
④ 강가에서 신발을 벗고 발을 담그며 친구와 이야기했다.

3. 오케아노스는 사람 몸과 물고기 몸이 합쳐진 바다의 신이었어요. 여러분이라면 바다의 신을 어떤 모습으로 상상해 볼 수 있을까요? 그리고 그 신은 어떤 힘을 가졌을까요?

• 내가 상상한 바다의 신 이름은? _____

• 생김새는 어떠한가요? _____

_____

• 특별한 능력은 무엇인가요? _____

정답 1. ② 2. ③ 3. (예시) 이름/포세이돈 / 생김새/지느러미가 있는 거대한 몸에 물결처럼 흐르는 머리 / 바다 속 동물들과 대화할 수 있고, 해양 쓰레기를 한 번에 정화할 수 있어요.

076 robot
로봇

로봇이라는 이름에 담긴 체코 농노의 슬픈 역사

오늘날 매우 친숙하게 사용되는 로봇robot이라는 단어의 기원은 의외로 오래되지 않았습니다. robot은 1920년 체코슬로바키아의 작가 카렐 차페크Karel Čapek가 쓴 희곡 『로숨의 유니버설 로봇』에 처음으로 등장했습니다. 이 작품에서 차페크는 인간과 비슷한 외모를 가진 기계, 즉 robot을 등장시켜 인간과 로봇의 관계, 로봇의 권리 등 흥미로운 주제를 다루었습니다.

robot은 체코어로 '강제 노동'이나 '고역'을 의미하는 robota에서 온 말입니다. robota는 옛날 체코와 주변 지역에서 농노들이 귀족을 위해 강제로 일해야 했던 상황을 묘사할 때 사용되었습니다. 카렐 차페크는 이 말에 착안해 미래에 인간을 대신해 일해 줄 기계적인 존재를 상상해 냈고, 이를 robot이라고 불렀던 것입니다. 사실 차페크가 처음부터 robot이라는 말을 사용하려고 했던 것은 아니었다고 합니다. 원래는 보통 '노동'을 의미하는 labori라는 용어를 사용하려고 했지만, robot이라는 말을 쓰면 좋을 것 같다는 형 요세프의 제안을 받아들여 이 표현을 쓰게 된 것이라고 합니다.

차페크의 희곡 이후 '로봇'이라는 개념은 공상과학 소설과 영화를 통해 대중에게 널리 알려졌고, 현대에는 산업 현장뿐만 아니라 우리의 일상생활 속에서도 다양한 형태의 로봇을 만나볼 수 있게 되었습니다.

1. 'robot'이라는 단어의 기원과 사용의 시작을 가장 잘 설명한 것은?

① 고대 로마의 기계 장치에서 유래하여, 라틴어에서 직접 가져온 단어이다.
② 19세기 영국 공장 노동자들을 위해 만든 단어로, 노동자의 친구라는 뜻이다.
③ 체코 희곡 작가가 농노의 강제 노동을 의미하는 단어에서 착안해 만들어낸 용어로, 이후 기계적 노동자를 뜻하게 되었다.
④ 일본 애니메이션에 처음 등장한 가상의 캐릭터 이름에서 비롯된 말이다.

2. 다음 문장을 읽고 맞으면 O, 틀리면 X 표시해 보세요.

① 로봇이라는 단어는 원래 '자유롭게 일하는 존재'를 뜻하는 라틴어에서 왔다. ☐
② 청소를 도와주는 로봇청소기처럼, 로봇은 오늘날 일상생활 속에서 흔히 볼 수 있다. ☐
③ 로봇이라는 단어는 처음에 책이 아닌 희곡에서 사용되었다. ☐

3. 차페크는 미래에 인간처럼 일할 기계 존재를 상상했어요. 여러분은 어떤 로봇을 만들어 보고 싶나요? 그 로봇은 어떤 일을 하나요?

- 로봇 이름 _____

- 로봇의 역할 _____

  _____

- 이 로봇이 있다면 어떤 점이 좋을까요? _____

  _____

  _____

077 salmon 연어

뛰어오르는 자, 그대의 이름은 연어

영어 단어 salmon의 어원에는 연어의 역동적인 특성이 고스란히 담겨 있습니다. 라틴어 salmonem에서 유래한 salmon은 '뛰다, 도약하다'를 뜻하는 동사 salire에서 파생된 명사로 '뛰어오르는 것'이라는 뜻입니다. 강을 거슬러 헤엄치며 물 밖으로 뛰어오르는 연어의 모습을 보고 붙인 이름이라고 할 수 있습니다.

강에서 태어난 연어는 바다로 나가서 자랍니다. 그리고 알을 낳기 위해 자신이 태어난 강으로 돌아가는 강한 귀소 본능을 가지고 있습니다. 강으로 돌아가는 험난한 여정 동안 연어는 물살을 거슬러 올라가면서 높은 폭포를 뛰어넘기도 하는데, 이 모습은 많은 사람의 감탄을 자아냈습니다. 이러한 연어의 특성이 salmonem이라는 이름에 반영된 것입니다.

라틴어 salmonem은 중세 프랑스어에서 salmum으로 불리다 현대 프랑스어로는 saumon으로 바뀌었고, 영어로 들어와서는 salmon이 되었습니다. 흥미로운 점은, 영어 salmon의 철자에는 중세 프랑스어처럼 l이 포함되어 있지만, 실제 발음에서는 l이 묵음 처리되어 소리가 나지 않는다는 것입니다.

연어는 단순한 물고기를 넘어 다양한 문화에서 중요한 상징으로 여겨졌습니다. 북미 원주민들은 연어를 풍요와 생명의 근원으로 여기며 매우 신성시했고, 많은 문화권에서 연어는 인내와 재생을 상징하는 존재로 인식됐습니다.

Tip

salmon처럼 동물 이름에는 그 동물의 생김새나 습성이 담겨 있는 경우가 많아요. 예를 들어, 거북이를 뜻하는 tortoise는 라틴어로 '지하 세계의 동물'을 뜻하는 말에서 왔고, hippopotamus는 고대 그리스어로 '강의 말'이라는 뜻이에요. 땅에 바짝 엎드려 느릿느릿 기는 거북이와, 강에서 사는 하마의 모습을 떠올려 보면 이름과 잘 어울리지요.

1. 'salmon'이라는 단어는 어떤 행동에서 유래했고, 그 단어가 가진 상징은 무엇인가요?

① 연어의 미끄러운 피부에서 유래했고, 미끄러짐과 도피의 상징이다.
② 강을 따라 유유히 흘러가는 모습에서 나왔고, 평온함을 의미한다.
③ 깊은 물속에 숨어사는 특성에서 유래하여, 은신과 비밀을 뜻한다.
④ 물살을 거슬러 도약하는 연어의 특성에서 유래하여, 인내와 귀향의 상징이 되었다.

2. 아래 단어와 뜻을 잘 읽고, 알맞게 선을 그어 보세요.

salmon •   ① salmon의 옛날 이름
salire •   ② 폭포를 뛰어넘으며 강으로 돌아와요.
salmonem •   ③ 강을 거슬러 올라가는 물고기
연어의 특징 •   ④ '뛰다'라는 뜻의 옛날 말

3. 연어는 힘든 여정에도 자신이 태어난 곳으로 돌아가기 위해 도약해요. 여러분도 무언가를 위해 '포기하지 않고 나아간' 경험이 있나요?

• 어떤 일이었나요? _____
_____

• 어떤 기분이 들었나요? _____
_____

• 그 경험에서 무엇을 배웠나요? _____
_____

078 siren
사이렌, 공습경보

경고음 사이렌이 유혹의 노래였다고?

긴급한 상황을 알리는 경보, 즉 사이렌 소리를 뜻하는 영어 단어 siren은 고대 그리스 신화에 나오는 매우 아름답지만, 치명적 매력을 지닌 님프 세이렌Seirēn에서 유래했습니다.

세이렌은 상반신은 여자, 하반신은 새의 모습을 한 괴물이었습니다. 세이렌 자매들은 절벽과 암초로 둘러싸인 섬에서 배를 타고 지나가는 선원들을 노래로 유혹했습니다. 신비로운 노랫소리에 홀린 선원들은 뱃머리를 섬 쪽으로 돌렸다가 난파되거나 스스로 물에 뛰어들어 죽었습니다. 그리스의 유명한 시인 호메로스의 서사시 『오디세이아』에서 오디세우스는 귀향길에 세이렌의 노래를 듣지 않으려고 부하들의 귀를 밀랍으로 막고, 자기 몸을 배의 돛대에 묶어 그들의 유혹을 피했습니다.

반인반조의 모습이었던 세이렌은 르네상스 시대에 이르러 바다의 여신처럼 묘사되기 시작했고, 상반신은 여자, 하반신은 비늘과 꼬리가 달린 인어와 비슷한 이미지로 굳어졌습니다.

세이렌은 점차 유혹적이고 위험한 존재를 상징하게 되었고, 시간이 지나면서 경고음을 내는 기계 장치를 지칭하게 되었습니다. 오늘날 경찰차나 구급차, 화재 경보 등에 사용되는 사이렌은 긴급 상황을 알리고 사람들에게 주의를 기울이도록 합니다. 아이러니하게도 사람들을 위험에 빠뜨렸던 존재가 오늘날에는 위험을 경고하는 소리로 활용되고 있습니다.

1.

'siren'이라는 단어는 어떤 신화 속 존재에서 유래했으며, 오늘날에는 어떤 의미로 사용되나요?

① 새처럼 날아다니며 불을 지른 괴물에서 유래했으며, 화재와 관련된 장치를 의미한다.
② 배를 침몰시키는 괴물의 이름에서 유래해, 바다 경고를 뜻한다.
③ 사람을 유혹해 위험에 빠뜨리던 신화 속 존재에서 유래해, 위험을 알리는 경고음으로 쓰인다.
④ 심해의 고래에서 유래한 말로, 깊은 소리의 장치를 뜻한다.

2.

다음 중 siren이라는 단어가 가장 적절하게 사용된 상황은 무엇인가요?

① 친구가 수영장에서 물놀이를 하며 큰 소리로 노래를 불렀다.
② 공연장에서 가수의 노래가 아름다워 모두가 감동했다.
③ 학교 운동장에서 종이 울려 학생들이 체육 수업을 마쳤다.
④ 밤늦게 구급차가 달려오며 "위이잉—" 하는 소리가 퍼졌다.

3.

오늘날 사이렌은 위험을 알리기 위한 경고음이에요. 여러분이라면 어떤 상황에서 어떤 특별한 경고음을 만들고 싶나요?

• 경고 상황 _____

• 어떤 소리로 경고하나요? _____

• 그 소리는 왜 그 상황에 어울리나요? _____

정답: 1. ③ 2. ④ 3. (예시) 나무 도로에 울릴 때 / 딱따구리 해소 "뚜루루~뚜루루" 하는 독특한 발소리 / 장음이지만 큰 탈이 없고 듣기, 산림욕을 쉽게 느끼게 느낄 수 있어요.

079 talent
재능, 장기, 재주 있는 사람

재능은 땅에 묻으면 없어진다?

뛰어난 능력이나 재능을 뜻하는 영어 talent의 어원에는 깊은 역사적 배경이 있습니다. talent는 고대 그리스에서 무게를 재는 단위였던 탈란톤talanton에서 유래했습니다. 주로 금이나 은 같은 귀금속의 무게를 재는 단위였던 talanton이 고대 로마에서는 라틴어 탈렌툼talentum으로 바뀌어, 주로 화폐의 가치나 부를 나타내는 용어로 사용되었습니다.

하지만 talent라는 단어가 우리가 알고 있는 '재능'이라는 의미를 갖게 된 것은 신약성경에 나오는 '달란트의 비유' 덕분입니다. 이 비유에 보면 주인이 종들에게 각기 다섯 달란트, 두 달란트, 한 달란트를 맡기고 여행을 떠납니다. 다섯 달란트를 받은 종은 다섯 달란트를 더 벌었고, 두 달란트를 받은 종도 두 달란트를 더 벌었지만, 한 달란트를 받은 종  은 그것을 잃어버릴까 봐 두려워 땅에 묻어 아무것도 벌지 못했습니다. 그러자 주인은 게으른 종이라고 혼내며 그에게서 한 달란트마저 빼앗아 버립니다. 여기서 달란트는 단순한 돈이 아니라, 신이 사람들에게 부여한 재능을 상징합니다.

이후로 talent는 단순히 무게나 돈이 아닌, 개인의 타고난 능력이나 특별한 재능을 의미하게 되었습니다. 이처럼 물질적 가치에서 시작한 말이 비유적 의미로 확장되어 오늘날에는 음악, 미술, 스포츠 등 다양한 분야에서 두각을 나타내는 사람의 재능을 가리키는 표현으로 바뀌었습니다.

1. 'talent'라는 단어는 어떤 경로를 거쳐 지금의 '재능'이라는 뜻이 되었을까요?

① 금속의 무게 단위였던 단어가 성경의 '달란트 비유'를 통해 재능을 의미하게 되었다.
② 고대 신화 속 재능의 여신 '탈렌토스'의 이름에서 유래했다.
③ 처음부터 예술적 감각을 뜻하는 말로 사용되었으며, 음악과 그림과 관련된 단어였다.
④ 무거운 짐을 옮기는 기술에서 시작되어 노동력을 뜻하게 되었다.

2. 다음 문장을 읽고 맞으면 O, 틀리면 × 표시해 보세요.

① 친구가 그림을 정말 잘 그린다면, "넌 정말 그림에 talent가 있어!"라고 말할 수 있다. ☐
② talent는 원래 영어에서 '열정'이라는 뜻으로 만들어진 단어다. ☐
③ 오디션 프로그램에서 심사위원이 "He's got real talent!"라고 말한다면, 그 참가자의 재능을 칭찬하는 것이다. ☐

3. 아직 누군가에게 보여주지 않았지만, 사실 마음속에 '숨겨둔 재능'이 있나요? 아직 마음속에만 묻혀 있는 나만의 달란트를 떠올려 보세요

• 나만의 재능이 있다면? _____

• 그걸 왜 아직 잘 드러내지 않았나요? _____

_____

• 언젠가 어떻게 써 보고 싶은가요? _____

_____

080 Thursday 목요일

목요일에는 천둥이 칠까?

'목요일'을 나타내는 영어 단어 Thursday의 어원에는 고대의 신화와 역사적 배경이 숨어 있습니다. Thursday는 북유럽 신화에서 번개와 천둥의 신으로 잘 알려진 토르Thor에서 유래했습니다.

북유럽 신화에서 토르는 번개와 천둥을 다스리는 신이었습니다. 강력한 망치 묠니르를 휘두르며 하늘을 가르는 토르는 바이킹 시대의 북유럽 사람들에게 강력한 존재로 여겨졌습니다. 또한 농작물을 보호하고 적을 물리쳐 풍요와 번영을 가져다주는 신으로 숭배받았습니다.

북유럽에서 살다가 지금의 잉글랜드에 정착한 고대 게르만 부족인 앵글족은 로마 제국의 지배를 받던 시기에 로마 문화를 받아들였습니다. 로마에서는 목요일을 천둥과 번개의 신 유피테르의 이름을 붙여 Dies Iovis(유피테르의 날)이라고 불렀습니다. 이것이 영어로 들어오면서 유피테르에 해당하는 북유럽의 신 토르의 이름을 붙여 목요일을 Thor's Day(토르의 날)이라는 뜻의 Thuresdæg로 불렀습니다. 시간이 흐르자 Thuresdæg은 점점 형태가 바뀌어 오늘날의 Thursday가 되었습니다.

많은 유럽 언어에서는 목요일이 토르 또는 유피테르의 이름에서 유래했는데, 영어뿐만 아니라 스칸디나비아어와 독일어에서도 모두 목요일을 나타내는 말로 사용되고 있습니다.

1. **Thursday는 어떤 과정을 거쳐 '목요일'을 뜻하게 되었을까요?**

① 로마의 전쟁 신 마르스에서 유래했다.
② 고대 왕의 이름에서 비롯되었다.
③ 천둥의 신 토르에서 유래하여 Thor's day → Thursday가 되었다.
④ 성경 속 인물 이름이 요일 이름이 되었다.

2. **다음 중 Thursday라는 단어가 가장 잘 어울리는 상황은?**

① 월요일 아침, 한 주를 계획하며 일정을 정리했다.
② 금요일 저녁, 친구들과 주말 계획을 세우고 있다.
③ 일요일 오후, 다음 날 학교 준비를 하며 가방을 챙겼다.
④ 목요일 체육 시간, 선생님이 "오늘은 Thor의 날이야!"라고 하며 줄넘기 시합을 열었다.

3. **Thursday는 천둥과 번개의 신 '토르'에서 유래했어요. 여러분이 무언가를 '지켜 주는 존재'라고 느꼈던 순간이 있나요?**

• 내가 의지했던 사람이나 존재는? _____

_____

• 어떤 상황이었나요? _____

_____

• 그 사람이 있어서 어떤 기분이 들었나요? _____

_____

_____

정답 1. ③ 2. ④ 3. (예시) 엄마(누나) / 학교에서 힘든 일이 있을 때 / 토르처럼 힘든 순간을 든든하게 지켜 주셔서 마음이 놓였어요.

081 tragedy
비극

비극이
염소의 노래였다고?

　우리가 흔히 슬프고 비극적인 사건을 묘사할 때 사용하는 영어 단어 tragedy는 고대 그리스의 종교의식과 깊은 관련이 있습니다. tragedy는 그리스어로 '염소'를 의미하는 tragos와 '노래'를 의미하는 ōidē가 합해진 트라고이디아tragōidia에서 유래한 말로 글자 그대로 풀이하면 '염소의 노래'라는 뜻입니다.

　그렇다면, 염소와 비극이 무슨 관계가 있을까요? 그에 대한 답은 고대 그리스에서 포도 수확 철에 열린 디오니소스 축제에서 찾을 수 있습니다. 이 축제에서 사람들은 춤을 추고 노래를 부르며 포도주와 극의 신인 디오니소스를 숭배했는데요. 염소는 제물로 바쳐지거나 상으로 주어지는 경우가 많았습니다. 축제에서는 이러한 의식과 함께 신화 속 인물의 고통과 죽음을 주제로 한 비극적인 이야기가 담긴 연극이 자주 공연되었습니다. 따라서 tragōidia는 제물로 바치는 염소와 슬픈 이야기가 결합한 표현이라고 할 수 있습니다. 이후 tragōidia는 고대 프랑스어 tragedie로 변했다가 영어 tragedy가 되었습니다.

　시간이 흐르면서 tragedy는 단순한 종교의식을 넘어, 인간의 고난과 불행, 그리고 피할 수 없는 운명을 다루는 문학 장르를 의미하게 되었습니다. 비극에 대해 정의한 아리스토텔레스는 플롯이 단일하고 연속적이어야 하며, 비극적인 사건이 필연적으로 발생해야 한다고 주장했습니다.

> **Tip**
> 아리스토텔레스는 비극에서 카타르시스catharsis를 중요한 개념으로 꼽았습니다. 이는 관객이 극 중 인물의 고통과 불행에 공감하며, 자신의 감정을 정화하는 과정을 말합니다. 이를 통해 관객은 공포와 연민을 해소하고, 정신적 해방감을 느낄 수 있습니다. 바로 이러한 정화를 경험할 수 있게 하는 것이 그리스 비극의 목적이었습니다.

1. 'tragedy'는 어떤 고대 그리스 전통에서 유래한 단어인가요?

① 전쟁에서 죽은 병사들을 기리기 위한 노래에서 비롯되었다.
② 디오니소스 축제에서 염소를 제물로 바치며 부른 노래에서 유래했다.
③ 아리스토텔레스가 만든 단어로, 철학적 개념에서 출발했다.
④ 비극적인 사건이 자주 일어나던 지역 이름에서 따온 말이다.

2. 아래 단어와 뜻을 잘 읽고, 알맞게 선을 그어 보세요.

염소(tragos) •	• ① 옛날 그리스어로 '노래'를 뜻해요.
ōidē •	• ② 슬프고 안타까운 이야기를 말할 때 쓰는 영어 단어예요.
염소의 노래(tragōidia) •	• ③ 포도 축제에서 염소를 바치며 불렀던 '슬픈 노래'에서 나온 말이에요.
비극(tragedy) •	• ④ 옛날에 제물로 바치던 동물이었어요.

3. 슬픈 이야기나 비극적인 연극을 볼 때 어떤 감정을 느끼나요? 여러분만의 '카타르시스' 경험을 떠올려 보세요.

• 어떤 슬픈 이야기였나요? _____

_____

• 그 이야기를 보면서 어떤 장면이 가장 기억에 남았나요? _____

_____

• 그 후 여러분의 감정은 어떻게 바뀌었나요? _____

_____

정답 1. ② 2. ④-①-③-② 3. (예시) 친구와 싸운 뒤 화해하는 영화를 봤어요 / 주인공이 친구에게 사과하는 장면 / 용서의 소중함을 다시 느꼈어요.

082 volcano
화산

불카누스의 대장간에서 탄생한 화산의 비밀

'화산'을 뜻하는 영어 단어 volcano는 불을 뿜어내는 거대한 자연 현상을 가리키지만, 그 어원에는 신화와 역사가 깃들어 있습니다. volcano는 로마 신화에 등장하는 불카누스Vulcanus라는 신의 이름에서 유래했습니다.

대장간의 신이자 불의 신인 불카누스는 화산과 불을 관장하고 있었습니다. 신화에 따르면 지하 깊은 곳에 있던 대장간에서 불카누스가 무기를 만들 때마다 땅이 흔들리고 불꽃이 솟구쳐 오르며 화산이 폭발한다고 여겨졌습니다. 고대인들은 화산을 신의 분노나 의지가 표출되는 현상으로 생각했던 것입니다.

불카누스에 '산'을 의미하는 라틴어 mons가 결합하여 '화산'을 뜻하는 volcano가 생겨났습니다. 이 말이 널리 사용되기 시작한 것은 17세기 후반 유럽에서 화산 폭발이 빈번하게 일어나면서부터입니다. 특히 1669년 이탈리아의 에트나 화산 폭발은 그 엄청난 규모와 파괴력으로 유럽 전역에 큰 충격을 주었습니다. 에트나 화산 폭발로 volcano

는 자연재해를 설명하는 중요한 용어로 자리 잡게 되었습니다. 이후 이탈리아어 volcano는 자연스럽게 다른 유럽 언어들로 전파되었습니다. 하지만 과학이 발달하면서 화산은 더 이상 신의 힘이 아니라 지구 내부의 활동으로 발생하는 자연 현상이라는 것이 밝혀졌습니다.

1. 다음 중 volcano라는 단어의 어원과 의미 변화에 대해 가장 적절하게 설명한 것은 무엇인가요?

① 고대 로마의 농경 신 베스타에서 유래했으며, 땅의 풍요를 상징하는 산을 가리켰다.
② 중세 수도원에서 '거룩한 불꽃'을 뜻하는 라틴어에서 비롯되었으며, 신성한 산으로 여겨졌다.
③ 고대 북유럽 신화에서 불의 신 로키의 이름을 딴 말로, 산의 분노를 의미했다.
④ 불의 신 불카누스에서 유래한 말로, 지하 대장간에서 무기를 만들 때 발생하는 불꽃이 화산 폭발로 여겨졌고 이후 자연 현상을 설명하는 과학 용어가 되었다.

2. 다음 중 volcano라는 단어가 가장 적절하게 사용된 상황은 무엇인가요?

① 소방 훈련 중 불꽃이 튀는 장면을 보며 아이들이 깜짝 놀랐다.
② 해수욕장에서 모래성을 쌓으며 장난감을 숨겼다.
③ 지구과학 시간에 화산 분출 모형을 실험하며 용암 흐름을 관찰했다.
④ 도서관에서 조용히 책을 읽던 친구가 갑자기 웃음을 터뜨렸다.

3. 만약 여러분이 고대 사람이라면, 화산을 본 뒤 어떤 신화 이야기를 지어낼 것 같나요?

• 불을 뿜는 산에는 어떤 신이 살고 있을까요? _____

_____

• 그 신은 왜 불을 뿜었을까요? _____

_____

• 사람들이 그 신을 달래기 위해 어떤 행동을 했을까요? _____

_____

월 이름에도 이야기가 있어요!

January   1월

1월은 '두 얼굴을 가진 신 야누스(Janus)'의 이름에서 왔어요. 야누스는 과거와 미래를 모두 바라보는 문과 시작의 신이에요. 고대 로마에서는 출입문과 문지방을 지키는 수호신으로 여겨졌고, 한 해의 문을 여는 첫 달에 그의 이름을 붙였어요. 한쪽 얼굴은 지나간 시간을, 다른 한쪽은 다가올 시간을 바라본다고 해요. 그래서 January는 '새로운 시작'을 향한 의미가 담겨 있어요. 문을 열고 나아가는 느낌처럼, 새로운 계획과 다짐을 하기에 좋은 달이에요.

February   2월

2월은 몸과 마음을 깨끗이 정화하는 달로 여겨졌어요. 로마에서는 '페브루아(Februa)'라는 정화 의식이 열렸고, 사람들은 죄를 씻고 새롭게 한 해를 준비했어요. 이 의식에서 나온 말이 바로 February예요. 그래서 2월은 '깨끗해지고 새로 시작하는 달'이라고도 불러요. 겨울의 끝자락에서 몸과 마음을 가다듬으며 새 출발을 준비하지요. 오늘날 2월은 짧지만, 뜻깊은 달이에요.

March   3월

3월은 '전쟁의 신 마르스(Mars)'의 이름에서 온 달이에요. 고대 로마에서는 3월이 새해의 시작이었어요. 겨울이 끝나고, 군인들은 전쟁을 준비하고 농부들은 씨를 뿌렸죠. 그래서 March는 '움직임과 생명이 시작되는 달'이에요. 마르스는 힘과 보호의 신이기도 해서 사람들에게 용기를 주었어요. 이 때문에 3월은 '두려움 없이 시작하는 달'이라는 상징도 있어요.

April 4월

April은 봄이 되어 꽃이 피고 자연이 깨어나는 달이에요. '열다'라는 뜻의 라틴어 aperire에서 왔다는 설이 가장 유력해요. 꽃봉오리가 터지고, 나무에 새싹이 움트는 모습을 떠올려 보세요. 또한 사랑과 아름다움의 여신 아프로디테에서 유래했다는 주장도 있어요. 하늘도, 땅도, 마음도 열리는 기분이 드는 달이에요. April은 '열림과 피어남'을 상징하는 아름다운 이름이에요.

May 5월

5월은 성장의 여신 마이아(Maia)의 이름에서 왔어요. 그리스 신화 속 마이아는 봄과 생명의 여신으로, 로마에서는 풍요와 번영을 상징하는 존재였어요. 이달에는 꽃이 활짝 피고, 식물이 무럭무럭 자라요. 이런 이유로 May는 따뜻하고 풍성한 생명의 달로 여겨져요. 사람들은 5월을 '계절의 여왕'이라 부르기도 해요. 모두가 반기는 햇살, 바람, 꽃으로 가득한 봄의 중심이에요.

June 6월

6월은 결혼과 가정의 수호 여신 유노(Juno)의 달이에요. 로마 사람들은 유노가 결혼을 축복해 준다고 믿었어요. 그래서 지금도 6월의 신부는 '행복한 결혼'의 상징이 되었어요. 유노는 가정과 여성을 지키는 강하고 따뜻한 여신으로, 정의와 충성, 사랑의 상징이기도 했어요. June은 사랑, 믿음, 가족을 생각하게 하는 달이에요.

July   7월

7월은 로마의 유명한 지도자 율리우스 카이사르(Julius Caesar)의 이름에서 유래했어요. 원래는 '퀸틸리스(다섯 번째 달)'이었지만, 카이사르가 태어난 달이어서 그의 이름을 기념해 July로 바뀌었어요. 그는 지금 우리가 사용하는 달력의 기초가 된 율리우스력을 만든 인물이기도 해요. 그래서 July는 시간의 질서를 만든 위대한 인물의 이름을 담고 있어요. 그의 이름은 하늘에 남은 별처럼, 달력 속에 남아 있어요. 7월은 여름 햇살처럼 힘 있고 당당한 달이에요.

August   8월

8월은 로마의 초대 황제 아우구스투스(Augustus)의 이름에서 왔어요. 그는 카이사르의 후계자이자, 로마 제국의 기틀을 잡은 인물이죠. 자신의 큰 승리가 있었던 8월에 이름을 붙이고, 7월과 균형을 맞추기 위해 날짜 수를 31일로 늘렸어요. August는 '존엄과 권위'뿐 아니라 평화를 상징하는 의미도 담고 있어요. '가장 위대한'이라는 의미도 함께 지니고 있어요. 그래서 August는 기품 있고 뜻 깊은 여름의 절정이에요.

September   9월

September는 '일곱 번째'를 뜻하는 라틴어 septem에서 온 말입니다. 그런데 왜 9월에 일곱 번째라는 이름이 붙었을까요? 원래 옛 로마 달력에서는 3월이 새해 첫 달이었기 때문에 9월이 일곱 번째 달이었어요. 역법이 개정된 이후에는 아홉 번째 달이 되었지만 이름은 그대로 남게 되었어요. September는 '과거 달력의 흔적을 간직한 달'이에요. 가을 문턱에서 지나온 계절을 되돌아보게 만드는 달이에요.

October   10월

October는 '여덟 번째'를 뜻하는 라틴어 octo에서 온 말입니다. 바꾸기 전 옛 로마 달력에서 여덟 번째 달이라 붙은 이름이었어요. 가을이 깊어지는 수확의 계절답게, 사람들은 추수를 하고 전쟁을 마무리했습니다. October는 '열심히 일한 것을 정리하고 마무리하는 달'이에요. 들판이 황금빛으로 물들고, 자연도 숨을 고르는 시간이에요. 10월은 차분한 힘이 느껴지는 달이에요.

November   11월

November는 '아홉 번째'를 뜻하는 라틴어 novem에서 온 말입니다. 바뀌기 전 옛 로마 달력에서 아홉 번째 달이라 붙은 이름이었어요. 가을의 끝자락, 추위가 슬며시 찾아오는 시기예요. 사람들은 지친 마음과 몸을 돌보며 다가올 겨울을 준비했어요. 한 해의 마무리를 앞두고 속도를 늦추는 달이에요. November는 차분함과 여운이 함께 깃든 달이에요.

December   12월

December는 '열 번째'를 뜻하는 라틴어 decem에서 온 말입니다. 지금은 한 해의 마지막을 장식하는 달이지만, 바뀌기 전 옛 로마 달력에서 열 번째 달이라 붙은 이름이었어요. 고대 로마 사람들은 한 해를 돌아보며 신에게 감사하는 제사를 지냈어요. December는 끝과 시작이 함께 있는, 뜻깊은 달이에요. 불빛과 축제가 가득한 이 달은 사람들의 소망이 모이는 시간이기도 해요. 새해를 기다리는 설렘과 작별의 감정이 함께하는 달이에요.

beat around the bush

get one's goat

teddy bear

4부

여러 가지 관용어와 속담

083 beat around the bush
돌려 말하다, 요점을 피하다

사냥에서 나온 말, 왜 빙빙 돌려 말할까?

글자 그대로 풀이하면 '덤불 주위를 두드리다'라는 뜻의 영어 표현 beat around the bush는 요점을 피한 채 '빙빙 돌려 말한다'는 의미입니다. 이 말의 기원은 중세 영국의 사냥 문화에서 찾을 수 있습니다.

중세 영국에서는 사람들이 먹을 것을 얻기 위해서 또는 취미로 사냥을 즐겼습니다. 사냥꾼들은 주로 숲속에서 새나 작은 동물을 잡았습니다. 하지만 사냥감을 찾아 직접 덤불 속으로 들어가는 것은 위험했기 때문에, 사냥감을 유인하기 위해 사람들을 고용하여 덤불 주위를 막대기로 두드리게 했습니다. 덤불 밑에 숨어 있던 새나 짐승이 그 소리에 놀라 겁을 먹고 밖으로 나오면, 그 틈을 놓치지 않고 사냥꾼들이 재빨리 잡았습니다.

이러한 사냥 방식에서 beat around the bush라는 표현이 생겨났습니다. 사냥꾼들이 곧바로 사냥감을 향해 나아가기보다는 먼저 주변을 두드리며 시간을 끌었던 것처럼, 사람들도 본론에 들어가기 전에 빙빙 돌려 말하는 경우를 비유적으로 묘사하게 된 거죠.

흥미롭게도 '단도직입적으로 말하다'라는 뜻의 cut to the chase 역시 같은 사냥 방식에서 생겨난 표현입니다. chase는 '추격하다'라는 뜻으로, 덤불 주변을 두드리는 등의 사전 작업 없이 바로 사냥감을 추격하는 것을 의미합니다. 즉, 불필요한 말을 생략하고 바로 본론으로 들어간다는 뜻입니다.

1. 다음 중 beat around the bush라는 표현의 유래를 바르게 설명한 것은 무엇인가요?

① 새를 잡기 위해 나무에 올라가던 사냥꾼의 모습에서 유래한 말이다.
② 덤불 속에 숨어 있는 동물을 직접 잡는 모습을 보고 생긴 말이다.
③ 사냥꾼이 덤불 주위를 먼저 두드려 동물을 밖으로 유도한 데서 나온 말이다.
④ 사냥꾼들이 모닥불 주변에 모여 앉아 이야기를 돌려 말하던 습관에서 유래했다.

2. 아래 단어와 뜻을 잘 읽고, 알맞게 선을 그어 보세요.

beat around the bush •   ① 본론을 피하고 빙빙 돌려 말하다
cut to the chase •   ② 덤불, 사냥감이 숨는 곳
bush •   ③ 본론으로 바로 들어가다, 단도직입적으로 말하다
chase •   ④ 추격하다, 사냥감을 쫓다

3. 때때로 우리는 하고 싶은 말을 돌려서 말할 때가 있어요. 어떤 상황에서 말을 돌린 적이 있었는지, 또는 누가 그렇게 해서 곤란했던 기억이 있다면 이야기해 보세요.

_____
_____
_____

정답: 1. ③ 2. ①-③-②-④ 3. (예시) 친구에게 미안한 말을 돌려 말했더니 뜻이 잘못 전달되어 오히려 오해가 생겼어요.

084 below the salt
하층민의, 별 볼 일 없는, 하찮은

소금 통이 신분을 결정한다고?

영어 표현 below the salt는 글자 그대로 풀이하면 '소금 아래'라는 뜻인데 이게 대체 무슨 의미일까요? 사회적 지위가 낮거나 중요하지 않은 위치를 의미하는 이 말은 중세 유럽의 식탁 문화에서 유래했습니다.

기후가 따뜻하고 일조량이 풍부한 남부와 달리 북부 유럽은 바닷물에서 소금을 얻기가 쉽지 않았습니다. 그래서 아주 귀한 소금은 상류사회에서만 쓸 수 있는 값비싼 조미료였습니다. 이처럼 소금은 양념 이상의 가치를 지녔기 때문에, 연회에서는 항상 식탁의 중심에 놓였습니다.

당시 연회장의 자리는 손님의 사회적 지위에 따라 배치가 달랐습니다. 중요한 손님들은 식탁의 상석, 즉 소금이 놓인 높은 식탁에 앉아 식사했습니다. 이 자리는 귀족이나 왕족처럼 신분이 높은 사람들만 앉을 수 있었습니다. 반대로, 소금 통에서 멀리 떨어진 낮은 식탁에는 사회적 지위가 낮은 사람들이 자리를 잡았습니다. 주로 평민인 이들이 받는 대우는 귀족들과는 확연히 달랐죠. 이렇게 소금 통의 위치를 기준으로 사람들의 사회적 위상이 드러났으므로 below the salt는 하층민을 가리키는 표현이 되었습니다.

시간이 흐르면서 below the salt는 사회적 지위가 낮거나 영향력이 없는 사람을 비유적으로 나타내는 표현으로 사용되기 시작했습니다. 오늘날에도 회사나 조직 내에서 중요한 결정권이 없는 사람을 가리킬 때 below the salt라고 말합니다.

Tip
'상류층'을 나타내는 비슷한 표현으로는 upper crust(위쪽 껍질)가 있습니다. 예전에는 화덕에서 빵을 구웠으므로 윗부분은 바삭하면서도 맛이 있지만 아랫부분은 타거나 재가 묻어 있었습니다. 그래서 아랫부분을 잘라내어 서민들이 먹고, 맛있는 윗부분은 부유층이 먹었던 데서 유래한 말입니다.

1. below the salt라는 표현은 중세 유럽의 어떤 사회적 분위기 속에서 유래한 것인가요?

① 소금이 비쌌기 때문에, 사회적 지위가 높은 사람들은 소금이 놓인 자리에 앉았다.
② 소금은 모든 사람이 사용할 수 있는 공평한 자원이라서 사회적 지위가 중요하지 않았다.
③ 연회에서는 소금이 없는 사람들은 중요한 자리에 앉을 수 있었다.
④ 귀족들은 소금을 아예 사용하지 않았고, 서민들만 사용했다.

2. 다음 중 below the salt라는 표현이 가장 잘 어울리는 상황은 무엇인가요?

① 패션쇼 무대에서 가장 앞줄에 앉은 유명 디자이너들이 박수를 쳤다.
② 졸업식에서 총장이 무대 위에서 축사를 하고 학생들은 박수로 화답했다.
③ 회의에서 팀장이 모든 사람의 의견을 동등하게 받아들였다.
④ 대기업 회의실 한쪽 끝에 앉은 인턴이 발표 없이 조용히 회의를 지켜봤다.

3. 예전에는 식탁에서의 자리로도 사람의 지위를 구분했다고 해요. 요즘에도 자리가 다르거나, 물건으로 사람의 위치나 역할이 드러나는 일이 있을까요? 여러분이 본 적이 있다면 그 예를 하나 들어서 말해 보세요.

_____

_____

_____

cat got one's tongue
꿀 먹은 벙어리가 되다, 잠자코 있다

말을 잃게 만든 고양이의 비밀

cat got one's tongue은 누군가가 말 못 하거나, 갑자기 침묵을 지킬 때 장난스럽게 던지는 말입니다. 글자 그대로 풀이하면 '고양이가 혀를 가져갔다'는 뜻인데 이게 대체 무슨 말일까요? 이 표현의 유래는 정확히 알 수 없지만, 몇 가지 재미있는 이야기가 전해집니다.

오래전 중동에는 무서운 처벌법이 있었습니다. 물건을 훔친 도둑은 오른손을 자르고, 거짓말이나 신성모독을 한 사람은 혀를 잘라 왕이 키우는 고양이에게 먹이로 던져주었다고 합니다. 한편, 마녀

사냥이 빈번했던 중세 시대와 관련이 있다고 주장하는 설도 있습니다. 당시 사람들은 검은 고양이를 데리고 다니는 마녀와 마주치면 마녀가 혀를 빼앗아 말을 못 하게 만든다고 믿었습니다.

또 다른 설명에 따르면 18세기 영국의 해군에서 생겨났다고 주장합니다. 당시 선원들은 잘못을 저지르면 cat-o'-nine-tails로 맞는 처벌을 받았다고 합니다. '꼬리 아홉 개 달린 고양이'라는 뜻의 이 도구는 끝에 날카로운 쇠나 뼛조각이 달린 아홉 가닥의 채찍이었습니다. 이 채찍으로 맞으면 고양이 발톱에 할퀸 것 같은 상처가 나고 말도 못 할 정도로 고통스러웠다고 합니다. 오늘날에는 기원에 담긴 무시무시한 이야기와는 달리 당황해서 말을 못 하거나, 예상치 못한 상황에서 말문이 막혔을 때 재미있게 사용하는 표현이 되었습니다.

1. cat got one's tongue이라는 표현은 어떤 상황에서 쓰이며, 어떻게 생겨났을까요?

① 고양이가 말을 너무 잘해서 사람들이 말문이 막힌 데서 생겼다.
② 사람들이 너무 배가 고플 때 말이 안 나와서 그렇게 불렀다.
③ 무서운 벌이나 이상한 상황에서 말을 잃은 데서 유래하여 지금은 당황하거나 말문이 막힌 상황에 장난스럽게 쓰인다.
④ 고양이 소리가 사람 목소리를 흉내 내서 사람들이 말을 아낀 데서 생겼다.

2. 다음 문장을 읽고 맞으면 ○, 틀리면 × 표시해 보세요.

① 누군가 말없이 조용할 때, 장난스럽게 "Cat got your tongue?"라고 말할 수 있어요. ☐
② "Cat got your tongue?"은 친구가 너무 크게 말할 때 쓰는 말이에요. ☐
③ 누군가 너무 놀라서 말을 못 하고 있을 때 "Cat got your tongue?"라고 말할 수 있어요. ☐

3. 여러분은 말문이 막힐 만큼 놀라거나 당황했던 적이 있나요?

- 그 상황은 언제였나요? _____

_____

- 그때 어떤 기분이 들었나요? _____

_____

- 그럴 땐 어떻게 하면 말을 다시 꺼낼 수 있을까요? _____

_____

정답 1. ③ 2. ○, ×, ○ 3. (예시) 학교 발표 시간에 제 차례가 되었는데 갑자기 아무 말도 안 나왔어요. / 가슴이 쿵쾅거리고 얼굴이 빨개졌어요. / 심호흡을 하고, 천천히 첫 문장을 떠올리면 도움이 돼요.

086 count one's chickens
김칫국부터 마시다, 섣불리 기대하다

병아리는 알에서 부화한 뒤에 세어야지

기원전 6세기 고대 그리스의 이야기꾼 이솝이 남긴 우화는 간결하면서도 깊은 교훈을 줍니다. 영어에는 『이솝 우화』 속 이야기에서 유래한 표현들이 많은데 count one's chickens도 그 가운데 하나입니다. 글자 그대로 풀이하면 '(부화도 하지 않은) 병아리의 개수를 세다'라는 뜻의 이 표현은 '우유 짜는 소녀와 우유 통' 이야기에서 유래했습니다.

옛날에 한 젊은 처녀가 시장에 가면서 우유를 팔아 생기는 돈으로 무엇을 할지 상상합니다. 우선 장에 가면 우유를 팔아 병아리를 산 뒤, 그 병아리들이 자라서 닭이 되어 달걀을 낳으면 그것을 팔 계획을 세웁니다. 달걀을 팔아 멋진 새 옷을 사 입고 장에 나가 많은 청년들의 관심을 받겠다는 꿈을 꿉니다. 그러나 너무 행복한 몽상에 젖어 자기도 모르게 머리를 흔드는 바람에 우유 통이 떨어져 우유가 모두 쏟아졌습니다. 결국 처녀의 꿈은 물거품이 되어버리고 맙니다. 이 이야기는 '너무 섣부른 기대는 위험하다'라는 교훈과 함께 아직 일어나지 않은 일에 대해 미리 기뻐하거나 계획을 세우지 말라는 메시지를 전하고 있습니다.

이후 영어권에서는 "Don't count your chickens before they hatch."라는 표현으로 쓰이기 시작했고, 오늘날에는 주로 count one's chickens로 줄여 사용합니다. 이 말은 아직 확실하지 않은 미래의 일에 대해 성급히 기대하거나, 미리 결론을 내리지 말라고 강조하는 표현입니다.

1. 다음 중 count one's chickens이라는 표현이 생겨난 이유로 알맞은 것은 무엇인가요?

① 병아리를 세는 것이 재미있기 때문이에요.
② 알을 깨고 나올 병아리보다 어미닭이 더 중요해서요.
③ 병아리는 숫자가 적어서 쉽게 셀 수 있기 때문이에요.
④ 우유를 팔아 닭을 키우겠다는 소녀의 계획이 모두 물거품이 되었기 때문이에요.

2. 아래 단어와 뜻을 잘 읽고, 알맞게 선을 그어 보세요.

count one's chickens •   • ① 일이 일어나기도 전에 미리 기대하는 것
병아리 •   • ② 알에서 부화한 어린 닭
우유 짜는 소녀 •   • ③ 우유를 팔아 큰 계획을 세운 주인공
우유가 쏟아진 이유 •   • ④ 기쁜 상상을 하다 머리를 흔들었기 때

3. 아직 일이 일어나지도 않았는데 너무 기대하거나 미리 상상한 적이 있나요?

• 언제, 무슨 일이 생겼나요? _____

_____

• 다음에는 어떻게 하려고 하나요? _____

_____

087 cloud nine
행복의 절정, 하늘에 날아오를 것 같은 기분

9번 구름에 누우면 가장 행복하다고?

영어 표현 cloud nine은 매우 행복하거나 기분이 최고조에 달했을 때 사용하는 말입니다. 그런데 '9번 구름'이라는 뜻의 이 말이 어떻게 행복의 절정을 의미하는 말이 되었을까요? 이 표현의 유래에 대해서는 몇 가지 흥미로운 설이 있습니다.

가장 유력한 주장은 숫자 9가 가진 상징성과 관련이 있습니다. 예로부터 많은 문화권에서 숫자 9는 완전함, 행복, 천국을 상징하는 숫자로 여겨져 왔습니다. 예를 들어, 불교에서는 하늘이 9단계로 나누어져 있으며, 그중 9번째 하늘은 신들이 사는 가장 높은 곳으로, 평화와 행복이 가득한 곳이라고 믿었습니다. 고대 그리스인들은 9를 완전한 숫자로 여겼으며, 중세 유럽에서도 9는 특별한 의미를 지닌 숫자였습니다.

또 다른 주장은 기상 관측과 관련이 있습니다. 지금처럼 기상 관측 시스템이 발달하기 전에는 구름을 모양과 높이에 따라 여러 종류로 나누었습니다. 1896년에 발간된 『국제 구름 도감』에 따르면 당시 기상학자들은 구름을 열 가지 형태로 구분했습니다. 그중 9번 구름은 지상 10킬로미터에서 형성되어 가장 높은 거

대한 뭉게구름 적란운cumulonimbus을 가리켰습니다. 마치 솜털을 쌓아 놓은 듯 포근한 이 뭉게구름 위에 누워 있다면 하늘을 떠다니듯 얼마나 기분이 좋고 행복할까요? 이런 상상에서 cloud nine이 행복의 절정을 나타내는 말이 되었다고 합니다.

1. cloud nine이라는 말은 어디에서 유래되었고, 어떤 뜻으로 쓰이나요?

① 하늘의 9번째 별을 뜻하며, 슬픔을 표현하는 말이다.
② 뭉게구름처럼 무겁고 낮은 기분을 뜻한다.
③ 구름 위에 있는 기상 관측소 이름이며, 날씨 관련 말이다.
④ 숫자 9가 가진 상징성과 높은 구름에서 유래되었으며, 아주 행복한 기분을 나타낸다.

2. 다음 중 cloud nine이라는 표현이 가장 잘 어울리는 상황은 무엇인가요?

① 시험을 망친 뒤 집에 돌아온 아이가 풀이 죽어 소파에 누워 있었다.
② 친구와 말다툼을 한 뒤 혼자 공원 벤치에 앉아 눈물을 흘렸다.
③ 좋아하던 가수의 공연을 보고 나온 아이가 두 팔을 벌리며 "꿈만 같아!"라고 외쳤다.
④ 엄마가 심부름을 시키자 아이가 귀찮다는 듯 천천히 신발을 신었다.

3. 여러분은 언제 하늘 위에 떠 있는 것처럼 기뻤나요?

• 내가 정말 기뻤던 순간 _____

_____

• 그때 어떤 기분이 들었나요? _____

_____

• 그 기분을 소리로 표현한다면 어떤 소리일까요? _____

_____

정답 1. ④ 2. ③ 3. (예시) 시험단계 성적이올랐을 때 / 마음이 간질간질하고 기뻤어요. / 뿅뿅! 그네가 기분 좋이 울리는 소리처럼 신남.

088 cost an arm and a leg
매우 비싸다, 큰돈이 들다

초상화가 비싼 이유는 팔 다리 때문이라고?

cost an arm and a leg는 '팔 하나와 다리 하나의 비용이 들다'라는 의미지만 그 속뜻은 '큰돈이 들다'입니다. 이 표현의 유래는 정확히 밝혀지지 않았지만, 널리 알려진 가설은 18세기에서 19세기 사이에 그려진 초상화와 관련이 있습니다.

카메라가 등장하기 전 사람들은 화가나 조각가에게 의뢰하여 자신의 모습을 그림이나 조각으로 남겼습니다. 사람들을 표현하는 자세는 다양하여, 한 손을 뒷짐 진 채 서 있는 그림이 있는가 하면, 양팔과 양다리가 모두 그려진 작품도 있었습니다. 그런데 초상화를 그리는 비용은 상당히 비쌌습니다. 특히 전신 초상화는 얼굴만 그린 초상화보다 훨씬 더 비쌌습니

다. 손과 다리를 정교하게 그리는 데 시간이 많이 들고 뛰어난 기술이 필요했기 때문입니다. 그래서 사람 수가 아니라 그려진 팔다리의 개수에 따라 화가에게 그림값을 주었다고 합니다. 이런 배경에서 생겨난 cost an arm and a leg는 매우 비싼 물건을 비유적으로 가리키는 표현으로 쓰였습니다.

하지만, 이 외에도 다양한 가설들이 존재합니다. 예를 들어, 해적들이 손이나 다리를 잃은 동료에게 거액의 보상을 지급했다는 이야기나, 중세 시대 기사들의 갑옷이 매우 고가였다는 이야기 등이 있습니다. 시간이 흐르면서 cost an arm and a leg의 의미는 조금씩 변했습니다. 처음에는 생명이나 신체의 손실과 관련된 비유적인 의미가 강했지만, 현대에는 단순히 매우 비싸다는 의미로 더 많이 사용됩니다.

1.

다음 중 cost an arm and a leg 표현의 유래로 알려진 이야기는 무엇인가요?

① 예전엔 팔과 다리를 잃은 사람에게 돈을 주었기 때문이다.
② 초상화를 그릴 때, 얼굴만 그리는 것보다 팔과 다리까지 그리면 훨씬 더 비쌌기 때문이다.
③ 병원에서 팔과 다리를 치료하는 데 돈이 많이 들기 때문이다.
④ 팔과 다리에는 보석이 많다고 믿었기 때문이다.

2.

다음 문장을 읽고 맞으면 O, 틀리면 X 표시해 보세요.

① cost an arm and a leg는 물건을 싸게 샀을 때 사용하는 표현이다. ☐
② 친구가 새 휴대전화를 샀는데 가격이 아주 비쌌다면, "That phone cost an arm and a leg!"이라고 말할 수 있다. ☐
③ 부모님이 아주 비싼 명품 가방을 사셨을 때, "It cost an arm and a leg."이라고 말할 수 있다. ☐

3.

여러분이 갖고 싶었던 물건 중에 정말 비싸서 못 샀던 것이 있었나요?

• 무엇이었나요? 왜 그게 너무 비쌌다고 느꼈나요? _____

_____

• 만약 돈이 충분했다면 어떻게 했을 것 같나요? _____

_____

089 get one's goat
짜증스럽게 하다, 열 받게 하다

염소를 훔쳐 가면 왜 짜증이 날까?

get one's goat는 글자 그대로 풀이하면 '누군가의 염소를 데려가다'라는 뜻입니다. 겉으로 봐서는 아리송한 이 말의 속뜻은 누군가를 짜증스럽게 하거나 화나게 만든다는 의미입니다. 그런데 어쩌다가 '염소를 데려가다'라는 표현이 '짜증스럽게 하다'라는 뜻으로 쓰이게 되었을까요?

이 표현은 20세기 초 미국에서 처음 등장한 것으로 알려져 있습니다. 기원에 대해서는 여러 가지 설이 있지만 그중 가장 유력한 것은 경마와 관련이 있습니다. 말은 매우 예민한 동물이라 경주 전날에는 최대한 스트레스를 받지 않도록 안정된 상태를 유지해야 합니다. 그래서 말을 진정시키기 위해 마구간에 염소를 넣어두곤 했습니다. 염소는 말과 친하게 지내면서 말의 불안감을 덜어 안정시키는 역할을 했다고 합니다.

하지만 간혹 못된 사람들은 이 점을 악용해 염소를 몰래 훔쳐 가거나 다른 곳으로 옮겨 경쟁자의 말을 불안하게 만들었습니다. 염소가 없어진 말은 스트레스를 받아 경주에서 좋은 성적을 내기 어려웠습니다. 이처럼 경쟁자의 말을 방해하기 위해 염소를 훔쳐 가는 행위에서 유래한 get one's goat라는 표현은 '누군가를 짜증스럽게 하거나 화나게 만들다'라는 의미로 사용되기 시작했습니다. 시간이 지나면서 이 표현은 경마와 상관없이 누군가를 괴롭히거나 화나게 만드는 모든 상황에서 사용되었습니다.

1. get one's goat라는 표현이 '짜증 나게 하다'라는 뜻을 갖게 된 이유로 가장 적절한 것은 무엇인가요?

① 옛날에는 염소가 화를 잘 내는 동물이라고 여겨졌기 때문이다.
② 염소가 사라지면 말이 불안해져서 경주 성적이 나빠지기 때문이다.
③ 미국에서는 염소가 짜증을 유발하는 동물로 알려져 있었기 때문이다.
④ 말과 염소가 싸우면 말이 스트레스를 받아서 경주를 망치기 때문이다.

2. 다음 중 get one's goat이라는 표현이 가장 잘 어울리는 상황은 무엇인가요?

① 친구가 계속 내 말을 끊고 자기만 이야기한다.
② 친구가 생일 선물로 내가 갖고 싶었던 책을 줬다.
③ 체육 시간에 친구랑 즐겁게 농구를 했다.
④ 엄마가 내가 좋아하는 간식을 만들어 주셨다.

3. get one's goat는 누군가 나를 짜증나게 할 때 쓰는 말이에요. 여러분은 어떤 일이 가장 짜증났나요?

• 내가 짜증났던 순간 _____

• 그때 누가, 왜 그렇게 했나요? _____

• 어떻게 다시 기분이 좋아졌나요? _____

090 fly off the handle
버럭 화를 내다, 발끈하다

버럭! 도끼 자루가 날아간 이유는?

글자 그대로 풀이하면 '손잡이가 날아가다'라는 뜻의 영어 표현 fly off the handle의 속뜻은 '버럭 화를 내다, 흥분하다'입니다. 그렇다면 어떤 이유에서 이런 의미를 갖게 된 걸까요?

이 표현의 유래는 미국 서부 개척 시대로 거슬러 올라갑니다. 19세기 들어 서부 지역에서 많은 금광이 발견되고 농장이 생기며 발전하자 많은 사람들이 더 나은 삶을 찾아 서부로 갔습니다. 당시 개척민들은 도끼나 망치 등 필요한 도구를 직접 만들어 사용했습니다. 나무를 깎아 만든 자루에 사 온 도끼날을 박아 넣다 보니 꼭 맞게 고정되지 않는 경우가 있었습니다. 그래서 도끼를 휘두르다가 헐거워진 날이 손잡이에서 떨어져 나가는 일이 종종 일어났습니다. 이렇게 날이 빠져나가면 사람이 다칠 수도 있었기 때문에 매우 위험했죠.

사람들은 이렇게 위험한 상황을 보며, 갑자기 화를 내거나 분노를 표출하는 사람의 모습에 비유하기 시작했습니다. 마치 도끼날이 손잡이에서 튀어 나가듯, 사람의 감정이 폭발하여 통제 불능의 상태가 되는 것을 나타냈죠.

fly off the handle은 도끼와 관련된 위험한 상황을 묘사하는 말이었지만, 시간이 지나면서 갑자기 화를 내는 사람의 감정 상태를 나타내는 관용구로 자리 잡게 되었습니다.

1. fly off the handle이라는 표현은 어떤 상황에서 유래되었나요?

① 사람의 감정이 바람처럼 사라지는 모습에서
② 미국 개척 시대, 도끼날이 자루에서 빠져 날아가는 위험한 상황에서
③ 감정이 비행기처럼 높이 날아오르는 모습에서
④ 나무 손잡이를 헛디뎌 넘어지는 모습에서

2. 아래 단어와 뜻을 잘 읽고, 알맞게 선을 그어 보세요.

fly off the handle •	① 갑자기 버럭 화를 내는 것을 뜻해요.
손잡이에서 튀어나간 도끼날 •	② 도끼를 만들 때 자루에 날이 잘 안 맞아 생긴 일이에요.
도끼날이 튀어 나가는 장면 •	③ 감정이 폭발하는 상황과 비슷하다고 느꼈어요.
서부 개척 시대 •	④ 사람들이 직접 도구를 만들던 19세기 미국이에요.

3. fly off the handle의 유래를 듣고 어떤 생각이 들었나요?

_____

_____

_____

091 hands down
수월하게, 쉽게, 명백히

승리를 확신하면 손을 내린다고?

글자 그대로 풀이하면 '손을 내리고'라는 뜻의 영어 표현 hands down은 우리가 어떤 일을 아주 쉽고 가뿐하게 해낼 때 쓰는 말입니다. 그런데 서로 연관성이 없어 보이는데 어떻게 해서 이러한 의미로 쓰이게 된 걸까요?

이 표현은 19세기 경마에서 유래했습니다. 경마에서는 기수가 말의 고삐를 꽉 잡고 최대한 빠르게 달려야 승리할 수 있습니다. 그런데 어떤 경주에서는 한 기수가 다른 기수들보다 훨씬 앞서 나갈 때가 있었습니다. 이처럼 승리가 확실해 보이는 상황에서는 더 이상 고삐를 꽉 잡고 말을 채찍질할 필요가 없었어요. 그래서 선두에 선 기수는 결승선에 가까워지면 여유롭게 고삐를 풀고 손을 내린(hands down) 채 승리를 자신하며 결승선을 통과하곤 했습니다.

이처럼 손을 내리고도 쉽게 경주에 이겼다는 의미에서 hands down이라는 표현이 생겨났습니다. 경쟁에서 다른 사람들을 압도적으로 이겼다는 뜻이죠. 시간이 흐르면서 이 표현은 경마뿐만 아니라 일상생활에서도 사용되기 시작했습니다. 시험에서 매우 높은 점수를 받았을 때, 스포츠 경기에서 압도적인 승리를 거두었을 때, 논쟁에서 상대방을 쉽게 논리로 눌렀을 때처럼, 어떤 일을 아주 쉽게 해냈을 때 hands down을 씁니다.

1. hands down이라는 표현은 어떻게 '아주 쉽게 해낸다'는 뜻이 되었나요?

① 경마에서 기수가 승리가 확실할 때 손을 내리고도 쉽게 결승선을 통과했기 때문이다.
② 누가 손을 먼저 내리느냐에 따라 승부가 갈리는 고대 게임에서 유래했기 때문이다.
③ 누군가 일을 끝낸 후 손을 내리면 일을 쉽게 끝냈다는 의미가 되었기 때문이다.
④ 손을 내리는 것은 항복의 표시였기 때문에, 손을 내릴 수 있는 상황이 여유로움을 뜻하게 되었기 때문이다.

2. 다음 문장을 읽고 맞으면 O, 틀리면 X 표시해 보세요.

① hands down은 무언가를 억지로 어렵게 해냈을 때 쓰는 표현이다. ☐
② 시험에서 100점을 맞고 "I won hands down!"이라고 말하면, 아주 쉽게 이겼다는 뜻이다. ☐
③ 친구와 가위바위보를 했는데 계속 이겼을 때, hands down이라고 표현할 수 있다. ☐

3. 지금까지 살아오면서 어떤 걸 hands down, 아주 쉽게 해낸 적이 있나요?

• 내가 손쉽게 해낸 일 _____

_____

• 왜 그 일이 쉬웠다고 느꼈나요? _____

092 hang by a thread
위태로운, 아슬아슬한

머리 위에 매달린 칼, 이보다 위태로울 수는 없다

hang by a thread는 '실 한 올에 매달려 있다'라는 뜻으로 매우 위태롭고 불안정한 상황을 나타내는 말입니다. 이 표현은 고대 그리스의 전설에 나오는 '다모클레스의 칼'이라는 일화에서 유래했습니다.

시라쿠사의 왕 디오니시우스는 수많은 경쟁자들을 물리치고 왕이 되었지만, 언제 적들이 복수할지 몰라 항상 불안했습니다. 그래서 옷 속에 갑옷을 껴입고 매일 밤 잠자리를 바꾸는 등 경계를 게을리하지 않았습니다. 한편, 신하 다모클레스는 부귀영화를 누리는 군주의 삶을 몹시 부러워했습니다. 디오니시우스는 그에게 왕의 자리가 얼마나 위태로운지 알려주고 싶었습니다. 어느 날 연회를 베푸는 자리에서 다모클레스

를 불러 왕좌에 앉아보라고 했습니다. 그리고 연회가 끝날 무렵 머리 위를 보라고 했습니다. 연회장 천장에는 날카로운 칼이 말총 한 가닥에 매달려 있었습니다. 디오니시우스는 겁에 질린 다모클레스에게 왕의 자리란 언제든지 떨어질 수 있는 칼 밑에 있는 것처럼 위태롭고 불안한 자리라고 말해 주었습니다.

이 이야기에서 유래하여 hang by a thread는 언제든지 큰 위험이나 불행이 닥칠 수 있는 위태로운 상황을 뜻하게 되었습니다. 오늘날 이 표현은 중요한 시험을 앞두고 있거나, 어려운 상황에 직면했을 때처럼 불안정하고 위태로운 상황을 나타낼 때 쓰입니다.

1. hang by a thread라는 표현은 어떤 이야기에서 유래했나요?

① 누군가 실을 타고 하늘에서 내려오다 떨어졌다는 고대 그리스 신화에서 유래했다.
② 왕좌에 앉은 신하의 머리 위에 칼이 머리카락 한 가닥에 매달려 있었던 이야기에서 나왔다.
③ 실이 끊어져 왕관이 바닥에 떨어졌다는 로마의 전설에서 유래했다.
④ 중요한 보물이 실에 걸려 있었고, 그 실이 끊어져 위기를 겪었다는 이야기에서 나왔다.

2. 아래 단어와 뜻을 잘 읽고, 알맞게 선을 그어 보세요.

다모클레스 •	① 언제든지 무너질 수 있는 위태로운 상태
디오니시우스 •	② 아주 가늘고 쉽게 끊어질 수 있는 실 한 올
thread •	③ 부귀영화를 부러워하다 왕의 자리를 잠시 체험한 신하
hang by a thread •	④ 왕의 자리가 얼마나 불안한지를 보여주기 위해 칼을 매달아 연출한 왕

3. 다모클레스처럼 긴장되거나 위태로웠던 순간이 있었나요? 그때 어떤 기분이 들었는지 떠올려 보고 표현해 보세요.

• 나의 위태로운 순간 _____

_____

• 그때 내 기분은 어땠나요? _____

_____

_____

093 open pandora's box
긁어 부스럼을 만들다,
사태를 악화시키다

열면 안 되는 상자, 판도라의 비밀

'판도라의 상자를 열다'라는 말, 많이 들어보셨죠? 이에 해당하는 영어 표현 open pandora's box는 뭔가 안 좋은 일이 일어날 것 같을 때, 또는 예상치 못한 문제가 생겼을 때 자주 쓰는 말입니다. 이 표현은 고대 그리스 신화에 나오는 이야기에서 유래했습니다.

티탄 신족인 프로메테우스 신은 인간을 가엾게 여겼습니다. 그래서 신들의 불을 훔쳐 인간에게 주었습니다. 그 일로 화가 난 신들의 왕 제우스는 인간들에게 벌을 주기로 작정했습니다. 대장장이의 신 헤파이토스를 시켜 아름다운 여자를 만들게 했는데, 그 여자의 이름이 바로 '판도라'였습니다. 제우스는 판도라의 탄생을 축하하는 의미로 상자를 주며, 절대로 열어보지 말라고 경고했습니다. 어느 날 호기심을 참지 못한 판도라는 결국 상자를 열고 말았습니다. 그 순간 상자 안에 들어있던 온갖 욕심, 질투, 시기, 각종 질병 등이 빠져나와 세상으로 퍼져나갔습니다. 깜짝 놀란 판도라는 급하게 상자를 닫았지만, 나쁜 것들은 이미 전부 빠져나간 뒤였습니다. 그러나 희망만은 빠져나가지 않고 마지막까지 남아 있던 덕분에, 사람들은 온갖 슬픔과 고통을 겪으면서도 희망을 품고 살아갈 수 있게 되었다고 합니다.

이 이야기에서 유래한 open pandora's box는 작은 실수나 호기심 때문에 큰 문제를 일으킬 수 있다는 의미를 담고 있습니다.

> **Tip**
> 제우스는 인간에게 불을 훔쳐다 준 프로메테우스에게도 가혹한 벌을 내렸습니다. 코카서스 산의 바위에 쇠사슬로 묶어두고, 매일 독수리가 간을 쪼아 먹게 했습니다. 하지만 불사신이었던 프로메테우스는 밤이 되면 간이 재생되었으므로 고통이 매일 반복되었습니다. 결국 헤라클레스가 구해 준 뒤에야 프로메테우스는 고통에서 벗어날 수 있었습니다.

1. open Pandora's box라는 표현은 어떤 의미를 담고 있으며, 어떻게 생겨났나요?

① 판도라가 세상에 선물을 퍼뜨렸고, 그 일에서 유래한 축복의 상징이다.
② 호기심으로 판도라가 좋은 것을 세상에 나누어준 이야기를 바탕으로 생긴 말이다.
③ 판도라가 금기를 깨고 상자를 열어 세상에 불행을 퍼뜨린 신화에서 유래해, 예상치 못한 문제를 일으키는 상황을 뜻한다.
④ 상자를 닫았기 때문에 결국 평화를 지켰다는 신화를 바탕으로 생긴 말이다.

2. 다음 중 open Pandora's box라는 표현이 가장 잘 어울리는 상황은 무엇인가요?

① 친구가 깜짝 생일 파티를 준비해 감동의 눈물을 흘렸다.
② 컴퓨터 속 오래된 폴더를 열었다가 중요한 파일을 실수로 삭제했다.
③ 주말에 가족과 함께 소풍을 가서 즐거운 시간을 보냈다.
④ 친구와 함께 책을 읽고 조용히 독서 시간을 보냈다.

3. 한 번의 실수나 호기심으로 곤란한 상황이 생긴 적이 있나요? 그 경험을 떠올리며 나만의 '판도라의 상자' 이야기를 써 보세요.

- 나의 경험 _____

_____

- 그때 어떤 일이 벌어졌나요? _____

_____

- 그 후에 얻은 교훈은? _____

_____

정답 1. ③ 2. ② 3. (예시) 판도라의 일기장을 호기심에 몰래 열어 보았어요. / 친구가 상처받고, 저와 멀어졌어요. / 아무리 궁금해도 남의 비밀은 함부로 건드리지 않아야 한다는 것을 배웠어요.

out of the frying pan into the fire
엎친 데 덮친 격

엎친 데 덮친 격, 불을 피해 달아났더니 더 큰 불 속으로

글자 그대로 풀이하면 '프라이팬에서 뛰쳐나와 불 속으로 뛰어들다'라는 뜻의 영어 표현 out of the frying pan into the fire는 좋지 않은 상황에서 벗어나려고 했는데, 오히려 더 나쁜 상황에 부닥치게 된 것을 나타낼 때 쓰는 말입니다.

예전부터 작은 화를 면하려다 더 큰 화를 당하는 것을 조심하라는 교훈을 주는 이야기들이 있었지만 out of the frying pan into the fire는 1490년대 이탈리아 작가 라우렌티우스 압스테미우스Laurentius Abstemius가 『이솝 우화』를 각색하여 쓴 『100편의 우화 모음집』에 실린 이야기에서 유래했습니다.

옛날에 어부에게 잡힌 물고기 몇 마리가 기름이 부글부글 끓고 있는 프라이팬에 산 채로 튀겨질 신세가 되었습니다. 그러자 물고기 가운데 한 마리가 "여기에서 죽을 바에야 차라리 뛰쳐나가자!"라고 소리쳤습니다. 그 물고기를 따라 다른 물고기들도 함께 프라이팬에서 뛰쳐나왔습니다. 하지만 '살았다!'고 안심한 바로 그 순간, 물고기들은 바로 밑에서 활활 타오르는 불길 속으로 떨어지고 말았습니다. 물고기들은 끔찍한 충고를 했던 친구를 욕하면서 죽어 갔습니다. out of the frying pan into the fire는 눈앞의 위험을 피하려다 더 끔찍한 상황에 맞닥뜨릴 때 쓰는 말입니다.

1. out of the frying pan into the fire라는 표현이 유래된 이야기의 교훈으로 가장 알맞은 것은?

① 기회가 왔을 때는 빠르게 움직여야 한다.
② 친구의 말은 언제나 믿어야 한다.
③ 작고 불편한 상황에서 벗어나려다 더 나쁜 상황이 생길 수 있다.
④ 고통을 피하지 말고 참는 것이 가장 현명하다.

2. 다음 문장을 읽고 맞으면 O, 틀리면 X 표시해 보세요.

① out of the frying pan into the fire는 위기에서 벗어나 안전해졌다는 뜻이다. ☐
② 물고기들이 프라이팬에서 뛰쳐나왔지만, 더 위험한 불속으로 떨어졌다. ☐
③ 숙제를 피하려고 게임을 시작했는데 엄마에게 들켜 혼났다면, out of the frying pan into the fire 상황이라고 볼 수 있다. ☐

3. 어떤 문제를 피하려다가 더 어려운 상황에 빠진 적 있나요? 그 경험을 떠올려 보며 이야기해 보세요.

- 내가 겪은 일 _____

_____

- 어떻게 더 나빠졌나요? _____

_____

- 그때 배운 점은? _____

_____

095 pay the piper
대가를 치르다

사라진 아이들, 약속의 대가를 지불하라!

글자 그대로 풀이하면 '피리 부는 사람에게 값을 지불하다'라는 뜻의 영어 표현 pay the piper는 자신의 행동이나 선택에 대한 대가를 치러야 할 때 사용하는 말입니다.

이 표현은 그림Grimm 형제의 동화집에 수록된 독일의 전설 '하멜른의 피리 부는 사나이'에서 유래했습니다. 독일의 소도시 하멜른은 멋진 곳이었지만 음식을 갉아 먹고 사람들을 공격하고 시끄러운 소리를 내는 쥐 때문에 골머리를 앓고 있었습니다. 시민들은 시장에게 쥐를 없애 달라고 항의했지만, 갖은 방법을 써도 쥐들을 소탕할 수 없었습니다. 그러던 어느 날 알록달록한 옷을 입은 피리 부는 사나이piper가 나타나 도시의 쥐들을 싹 없애 주겠다고 했습니다. 그에 대한 보답으로 금화 천 냥을 달라고 요구하자 시장은 그 제안을 받아들였습니다. 사나이는 마법의 피리를 불어 곳곳에 숨어 있던 쥐들을 마을 밖으로 유인해 강으로 이끌고 가서 모조리 물에 빠뜨려 죽였습니다. 하지만 문제가 해결되었는데도 시장은 약속한 돈을 주지 않고 사나이를 쫓아냈습니다. 얼마 후 다시 나타난 사나이는 피리 소리로 아이들을 홀려 외딴 동굴로 데려갔고, 그 후로 다시는 그들의 모습을 볼 수 없었다고 합니다.

'약속을 지키지 않으면 나쁜 결과를 초래할 수 있다'라는 교훈을 보여주는 이 유명한 이야기에서 유래한 pay the piper는 '자신이 저지른 행동에 대가를 치르다'라는 뜻으로 쓰이게 되었습니다.

1. pay the piper라는 표현은 어떤 이야기에서 유래했고, 지금은 어떤 의미로 쓰이나요?

① 마을 사람들을 즐겁게 해준 음악가에게 감사를 표현하는 의미로 쓰인다.
② 피리 부는 사나이가 모두를 행복하게 해준 이야기로, 보상을 뜻하는 말이다.
③ 약속을 어긴 대가로 벌을 받은 이야기에서 유래하여, 행동의 결과를 감수한다는 뜻으로 쓰인다.
④ 중세 악단에서 연주자들에게 지불한 금액에 따라 계급이 나뉘던 제도에서 유래했다.

2. 아래 단어와 뜻을 잘 읽고, 알맞게 선을 그어 보세요.

piper • ① 행동이나 약속의 결과에 대해 책임을 지는 것
pay the piper(오늘날 의미) • ② 금화를 약속하고도 사나이에게 지불하지 않은 인물
하멜른 • ③ 마법의 피리를 불어 쥐와 아이들을 유인한 사람
시장 • ④ 쥐로 가득 차 골치를 앓던 독일의 도시

3. 만약 여러분이라면 '피리 부는 사나이'가 되어 어떤 문제를 해결해 줄 수 있을까요? 각자의 마법 피리를 상상해 보세요.

• 나의 피리는 어떤 피리인가요? _____

• 피리 소리로 어떤 문제를 해결할 수 있나요? _____

• 해결한 후, 어떤 대가를 받는다면 기분이 어떨까요? _____

096 pound of flesh
터무니없는 요구, 지독한 요구

살은 주지만 피는 줄 수 없다?

글자 그대로 풀이하면 '살 1파운드'를 뜻하는 영어 표현 pound of flesh는 셰익스피어의 희곡 『베니스의 상인』에 나오는 이야기에서 유래한 표현입니다. 이 말은 누군가가 무리한 요구를 하거나, 계약을 지나치게 엄격하게 집행하려고 할 때 사용됩니다.

희곡에 나오는 악덕 고리대금업자 샤일록은 상인 안토니오에게 돈을 빌려주며 계약을 맺습니다. 이 계약에는 안토니오가 빌린 돈을 갚지 못할 경우, 샤일록이 안토니오의 가슴살 1파운드를 베어가겠다는 무시무시한 조건이 포함되어 있었어요.

안토니오는 친구 바사니오를 돕기 위해 샤일록에게 돈을 빌렸지만, 불운하게도 배가 난파되어 돈을 갚을 수 없게 됩니다. 샤일록은 계약 조건을 들어 무자비하게 안토니오에게 살 1파운드를 내놓으라고 요구합니다. 당시 사회에서는 빚을 갚지 않을 경우 처벌이 매우 혹독했는데, 샤일록의 요구는 이러한 사회 분위기를 반영한 것이었습니다. 그러나 바사니오의 아내인 지혜로운 포샤가 재판관으로 변장하고 나타나 '샤일록이 안토니오의 가슴살 1파운드를 가져갈 수는 있지만 피는 한 방울도 흘리지 말아야 한다'는 판결을 내림으로써 안토니오를 구해줍니다.

이 이야기에서 유래한 pound of flesh는 법적인 권리를 엄격하게 해석하여 계약 이행을 고집하는 것을 의미하게 되었고, 특히 상대방에게 극심한 고통이나 희생을 강요하는 행위를 비유적으로 나타낼 때 사용됩니다.

> **Tip**
> 위대한 극작가로 꼽히는 셰익스피어는 멋진 문장과 대사로 유명합니다. "사랑에 눈이 멀다(Love is blind)"로 잘 알려진 『로미오와 줄리엣』, "사느냐 죽느냐 그것이 문제로다(To be, or not to be)"라는 대사가 나오는 『햄릿』을 비롯해, 『리어왕』, 『맥베스』, 『한여름 밤의 꿈』 등 많은 작품을 남겼습니다.

1. pound of flesh라는 표현은 어떤 이야기에서 유래했고, 어떤 의미로 사용되나요?

① 포샤가 정의를 위해 고기를 나눠준 이야기에서 나온 말로, 공정한 나눔을 뜻한다.
② 고기 장수가 자신의 가게를 지키기 위해 싸운 이야기에서 유래했다.
③ 고기를 많이 먹는 사람을 풍자하는 고전 이야기에서 나왔다.
④ 셰익스피어의 희곡에서 무리한 계약 조건이 등장하며, 지나친 요구나 집착을 의미하게 되었다.

2. 다음 중 pound of flesh라는 표현이 가장 잘 어울리는 상황은 무엇인가요?

① 친구가 내가 실수한 걸 보고 "괜찮아, 누구나 실수할 수 있어"라고 말했다.
② 장난감 하나를 망가뜨렸다고 친구가 새 장난감 세 개를 사 오라고 했다.
③ 선생님이 숙제를 깜빡한 아이에게 내일 꼭 다시 해 오라고 말씀하셨다.
④ 동생이 울자 엄마가 달래주며 안아 주었다.

3. 샤일록은 계약서를 앞세워 무리한 요구를 했어요. 여러분이라면 '규칙'과 '마음' 사이에서 어떤 결정을 내릴까요? 아래 상황에 나만의 판단을 적어 보세요.

- 상황: 친구가 약속한 날짜에 책을 돌려주지 못했어요. 나는 정말 그 책이 필요해요.

- 내가 내린 결정 _____

_____

- 왜 그렇게 했나요? _____

_____

097 rain cats and dogs
비가 억수같이 쏟아지다

하늘에서 고양이와 개가 우수수 떨어진다고?

rain cats and dogs는 '고양이와 개가 비처럼 쏟아진다'는 흥미로운 영어 표현으로, 엄청난 양의 비가 내리는 상황을 생생하게 묘사하는 말입니다. 이 표현의 기원에 대해서는 여러 가지 설이 있습니다.

첫 번째 설은 북유럽 신화와 관련이 있습니다. 폭풍의 신 오딘은 종종 바람을 상징하는 개나 늑대와 함께 있는 모습으로 등장합니다. 그리고 마법의 빗자루를 타고 다니는 마녀는 흔히 검은 고양이와 함께 폭우를 부르는 존재로 묘사되었습니다. 이러한 신화적 이미지와 연결되어 '바람(개)'과 '폭우(고양이)'를 나타내는 rain cats and dogs라는 표현이 탄생했다고 합니다.

두 번째 설은 17세기 유럽의 열악한 위생 상태와 관련이 있습니다. 당시 런던 같은 대도시의 거리는 쓰레기와 동물 사체가 널려 있어 위생 상태가 매우 열악했습니다. 그래서 폭우가 내리면 이들이 쓸려가는 모습이 마치 고양이와 개가 하늘에서 떨어지는 것처럼 보였기 때문에 이러한 표현이 생겨났다고 합니다.

세 번째 설은 빅토리아 시대의 농촌 풍경과 관련이 있습니다. 당시에는 농가에서 키우는 개와 고양이가 집 처마에서 잠을 자는 경우가 많았습니다. 폭우가 내리면 잠자던 동물들이 비에 쓸려 처마에서 굴러떨어져 내렸습니다. 이 모습이 마치 비와 함께 하늘에서 떨어지는 것처럼 보였으므로 이러한 표현이 생겨났다고 합니다.

1.
rain cats and dogs라는 표현이 어떤 의미로 쓰이며, 어떤 기원에서 비롯되었는지 가장 적절하게 설명한 것은?

① 실제로 고양이와 개가 하늘에서 떨어졌던 사건에서 생긴 말이다.
② 신화, 도시 위생, 농촌 풍경 등 다양한 배경에서 유래한 말로, 비가 매우 많이 오는 상황을 묘사하는 표현이다.
③ 비 오는 날 동물들이 슬퍼 보였기 때문에 만들어진 감성적인 표현이다.
④ 하늘의 별자리가 동물 모양이라서 붙여진 이름이다.

2.
다음 문장을 읽고 맞으면 O, 틀리면 X 표시해 보세요.

① rain cats and dogs는 약하게 내리는 가랑비를 뜻하는 표현이다. ☐
② 이 표현의 유래 중 하나는 고양이와 개가 비에 쓸려 거리로 떠내려온 모습과 관련 있다. ☐
③ 친구가 "It's raining cats and dogs!"라고 말한다면, 밖에 우산을 꼭 챙겨야 할 것이다. ☐

3.
영어에는 rain cats and dogs처럼 재미있는 관용 표현이 있어요. 날씨와 동물을 섞어 어떤 재미있는 표현을 만들 수 있을까?

• 표현 _____

• 무슨 뜻인가요? _____

• 왜 그렇게 만들었나요? _____

098 rise from the ashes
부흥하다, 부활하다

죽음에서 피어나는 새 생명, 피닉스의 부활

글자 그대로 풀이하면 '잿더미에서 일어나다'라는 뜻의 rise from the ashes는 완전히 파괴된 뒤에도 다시 새롭게 시작한다는 것을 의미합니다. 이 표현은 고대 그리스 신화에 등장하는 불사조 피닉스phoenix에서 유래했습니다.

피닉스는 죽음과 부활을 반복하는 신성한 새로, 시대에 따라 그 모습이 다양하게 변화했습니다. 초기에는 죽은 아비 새의 유해를 새끼 새가 옮겨 새로운 피닉스가 탄생한다고 여겨졌습니다.

기원전 5세기 그리스의 역사가 헤로도토스Herodotus는 아비 새가 죽기 직전에 태어난 새끼 새가 아비 새의 유해를 몰약으로 싸서 이집트의 헬리오 폴리스로 데려간다고 주장했습니다. 1세기 무렵부터는 아비 새의 죽은 몸에서 태어난 벌레가 자라 새로운 피닉스가 된다고 믿었습니다. 죽음이 가까운 것을 알게 된 피닉스는 향을 피우고 몰약이나 특별한 나무의 가지들로 새로운 둥지를 만들고 그 안에 눕습니다. 죽은 피닉스의 몸에서 태어난 새끼 새는 아비 새를 둥지째 헬리오 폴리스로 옮겨 태양신의 신전에서 태운다고 합니다. 로마 시대에 이르러서는 500년을 산 피닉스가 향료로 장작을 쌓아 올린 뒤 자신을 불태워 새로운 피닉스로 태어난다고 믿었습니다.

피닉스는 불 속에서 자신을 태워 죽음을 맞이하고, 그 재 속에서 다시 태어나는 과정을 거칩니다. 이처럼 피닉스의 부활 신화에서 생겨난 rise from the ashes는 어려움을 극복하고 새롭게 시작하는 것을 상징하는 표현으로 널리 사용됩니다.

1. **rise from the ashes라는 표현이 어떤 존재에서 유래했으며, 어떤 의미로 사용되나요?**

① 사막에서 길을 잃은 여행자가 집으로 돌아온 이야기에서 유래한 표현이다.
② 피닉스라는 새가 죽은 뒤에 다른 동물이 나타난다는 전설에서 비롯된 말이다.
③ 스스로 불에 타 죽고 재 속에서 다시 태어나는 피닉스 신화에서 유래해, 무너진 뒤 다시 일어서는 뜻으로 쓰인다.
④ 부서진 항아리 조각을 모아 다시 붙인 이야기를 표현한 것이다.

2. **아래 단어와 뜻을 잘 읽고, 알맞게 선을 그어 보세요.**

phoenix(피닉스)   •   ① 완전히 무너진 뒤에도 다시 시작하는 부활의 의미
rise from the ashes •   ② 피닉스에 대한 기록을 남긴 고대 그리스 역사학자
헬리오폴리스   •   ③ 피닉스의 유해가 옮겨지는 태양신의 도시
헤로도토스   •   ④ 죽음과 부활을 반복하며 다시 태어나는 신성한 새

3. **피닉스처럼 완전히 무너졌던 상황에서 다시 일어선 경험이 있나요? '잿더미에서 다시 일어난' 순간을 떠올려 보며 적어 보세요.**

• 어떤 일이 있었나요? _____
_____

• 그때 어떤 마음이었나요? _____
_____

• 어떻게 다시 시작했나요? _____
_____

정답: 1. ③ 2. ④-①-③-② 3. (예시) 시험에서 아주 낮은 점수를 받아 속상했어요. / 너무 힘이 들고 사람인가 자존감이 뚝 떨어졌어요. / 다음 시험을 위해 계획을 세우고, 엄마와 함께 틀린 부분을 차근차근 다시 공부했더니 실력이 조금씩 늘었어요.

099 skeleton in the closet
말 못할 비밀, 집안의 수치

사라진 시체, 벽장 속 해골의 비밀

글자 그대로 풀이하면 '벽장 속의 해골'이라는 뜻의 영어 표현 skeleton in the closet은 남들이 알면 곤란한, 가족이나 개인의 비밀을 은유적으로 나타내는 말입니다. 이 표현은 19세기 영국의 어두운 역사와 문학적 상상력이 결합하여 만들어진 것으로 알려져 있습니다.

18세기 후반부터 19세기 초까지 영국에서는 의학 발전에도 불구하고 의대에서 해부학을 가르치고 실습할 해부용 시체가 부족한 상황이었습니다. 1832년 해부법이 제정되기 전에는 처형된 범죄자의 시체만 해부에 사용할 수 있었기 때문입니다. 공급이 수요에 미치지 못 하자 시체를 불법으로 거래하는 관행이 생겨났습니다. 전국 곳곳에서 무덤 도굴 업자들이 갓 묻힌 시체를 파내어 의사들에게 공급한 것입니다. 그래서 수업용 해골을 몰래 보관하고 있던 일부 의사들이 단속을 피해 옷장에 숨겨둔다는 소문이 돌았습니다. 물론 이는 확실히 밝혀진 사실은 아니며, 당시 사회의 어두운 면을 반영하는 이야기 중 하나일 뿐입니다.

이러한 시대 배경과 함께, 빅토리아 시대의 소설에는 시신을 숨기는 극적인 장면들이 자주 등장하며 '벽장 속의 해골'이라는 이미지가 더욱 강하게 각인되었습니다. 1854년 윌리엄 새커리William Thackeray의 『뉴컴 가문The Newcomes』에서는 skeleton in the closet이 실제 벽장 속의 해골인지 감추고 싶은 비밀인지 모호하게 쓰였습니다. 이후, 이 표현이 널리 퍼지며 말 못 할 비밀을 의미하는 말로 사용되기 시작했습니다.

1. **skeleton in the closet이라는 표현은 어떤 역사적 배경과 상징에서 유래했으며, 현재는 어떤 의미로 쓰이나요?**

① 진짜 유령이 숨어 있던 집에서 유래해, 오싹한 장난을 뜻하게 되었다.
② 해부 시체 부족 문제와 문학 속 상상에서 유래해, 감추고 싶은 수치스러운 비밀을 뜻한다.
③ 의사들이 실제로 해골을 숨겨둔 데서 유래해, 남몰래 자랑스러운 일을 뜻한다.
④ 박물관의 뼈 전시를 은유한 표현으로, 오랜 전통이나 가족 자랑을 나타낸다.

2. **다음 중 skeleton in the closet이라는 표현이 가장 잘 어울리는 상황은 무엇인가요?**

① 친구가 시험을 망쳐서 속상하다고 솔직히 털어놓았다.
② 오래전 숙제를 베껴 낸 사실을 부모님께 들킬까 봐 걱정하고 있다.
③ 생일 선물로 받고 싶던 게임기를 드디어 받았다.
④ 동생이 자랑스럽게 자신의 그림을 벽에 붙였다.

3. **만약 누군가에게는 절대 말하지 않았던 비밀이 있다면, 그건 무엇일까요? 자신의 이야기일 필요는 없어요. 이야기 속 인물처럼 상상해 봐요!**

• 인물 이름 _____

_____

• 숨기고 있는 비밀 _____

_____

• 왜 이걸 말하지 못했나요? _____

_____

**teddy bear
곰 인형, 테디 베어**

곰돌이의 원조는 루스벨트 대통령

흔히 '곰돌이'로 불리는 미국의 곰 인형 테디 베어teddy bear의 이름에는 따뜻한 마음을 지닌 미국 대통령의 이야기가 담겨 있습니다.

1902년, 미국 대통령이었던 시어도어 루스벨트Theodore Roosevelt는 미시시피주로 사냥 여행을 떠났습니다. 당시 동료 사냥꾼들은 대통령이 사냥할 수 있도록 곰 한 마리를 나무에 묶어 두었습니다. 주변 사람들은 곰을 쏘라고 부추겼지만, 루스벨트 대통령은 묶인 동물을 사냥하는 것은 비겁한 행위라며 쏘기를 거부했습니다. 이 사건은 당시 신문에 크게 보도되었고, 만화가 클리퍼드 베리먼Clifford Berryman은 이를 바탕으로 대통령이 작은 곰을 안고 있는 모습을 그린 만화를 게재했습니다. 이 만화는 큰 인기를 끌었고, 사람들은 루스벨트의 자비로운 행위를 칭송했습니다.

얼마 지나지 않아 뉴욕의 장난감 가게 주인은 만화를 보고 아이디어를 얻어 아내와 함께 봉제 곰 인형을 만들어 가게 앞 창문에 두었습니다. 그리고 루스벨트 대통령의 허락을 얻어 이 곰의 이름을 Teddy Bear라고 불렀습니다. Teddy는 루스벨트 대통령의 이름인 Theodore의 애칭이었습니다. 이 인형은 순식간에 아이들의 사랑을 받았고,  루스벨트 대통령의 재선 운동에서 마스코트로 사용될 만큼 큰 인기를 누렸습니다. 이후 테디 베어는 미국뿐만 아니라 전 세계에서 사랑받는 인형이 되었습니다.

1. teddy bear라는 이름은 어떤 역사적 사건에서 비롯되었을까요?

① 곰을 잘 사냥한 대통령을 기념하기 위해 만든 인형의 이름이었다.
② 시어도어 루스벨트 대통령이 새끼 곰을 길들여 키웠다는 전설에서 유래했다.
③ 사냥을 거부한 루스벨트 대통령의 자비로운 행동이 만화로 소개되며 인형 이름으로 이어졌다.
④ 곰 사냥 대회를 후원한 루스벨트 대통령이 만든 장난감 시리즈의 일부였다.

2. 다음 문장을 읽고 맞으면 ○, 틀리면 × 표시해 보세요.

① 시어도어 루스벨트 대통령은 나무에 묶인 곰을 사냥하지 않겠다고 거절했다. ☐
② 테디 베어라는 이름은 곰을 처음 발견한 탐험가 테드 윌슨의 이름에서 따온 것이다. ☐
③ 'Teddy'는 루스벨트 대통령의 이름인 시어도어의 애칭에서 유래한 표현이다. ☐

3. '테디 베어'처럼 특별한 감정을 담은 인형이나 물건이 있나요? 그 이야기를 한번 들려주세요!

• 물건 이름 또는 모양은? _____

_____

• 그 물건은 여러분에게 어떤 존재인가요? _____

_____

요일 이름에도 이야기가 있어요!

Monday   월요일

Monday는 '달(Moon)의 날'이라는 뜻이에요. 고대 사람들은 해와 달, 별을 신처럼 여겼기 때문에 요일 이름을 하늘의 천체에서 따온 경우가 많아요. 달은 밤과 신비, 감정을 상징하는 존재로 여겨졌어요. 그래서 월요일은 달을 기리는 날이자 새로운 주의 시작을 상징합니다.

Tuesday   화요일

Tuesday는 '전쟁의 신 Tiw(티우)의 날'이라는 뜻이에요. Tiw는 북유럽 신화에서 용기와 전투를 상징하는 전쟁의 신이에요. 로마에서 dies Martis(마르스의 날)로 부르던 것이 앵글로색슨 지역에서 Tiw's day로 바뀌며 Tuesday가 되었어요. Tiw는 정의롭고 용감한 신이었기 때문에, 화요일은 용기와 결단의 날로 여겨졌어요.

Wednesday   수요일

Wednesday는 '오딘(Odin)의 날', 즉 지혜의 신을 기리는 날이에요. 오딘은 북유럽 신화의 최고신으로, 지혜와 마법, 전쟁을 관장했어요. 로마의 dies Mercurii(메르쿠리우스의 날)에서 유래되었고, 메르쿠리우스는 전령과 지식의 신으로 오딘과 비슷한 역할을 했어요. 이후 두 신이 연결되면서 수요일의 이름이 정해졌죠. Wednesday는 지혜와 전략, 학문을 상징하는 날이에요.

Thursday   목요일

Thursday는 '토르(Thor)의 날', 천둥의 신을 기리는 날이에요. 토르는 북유럽 신화에서 번개와 천둥을 다스리는 강력한 신이에요. 힘, 보호, 정의의 상징인 토르는 서민들 사이에서 특히 인기가 많았어요. 유피테르(Jupiter) 역시 하늘과 번개를 지배하는 신이었기 때문에 목요일은 힘과 보호, 정의의 날로 여겨졌어요.

Friday   금요일

Friday는 '프레이야(Freya)의 날', 사랑과 아름다움의 여신을 기리는 날이에요. Freya는 북유럽 신화에서 결혼과 풍요, 사랑을 관장하는 여신이에요. 사람들은 금요일을 여신의 날로 여기며 풍요를 기원했어요. 그래서 Friday는 아름다움, 사랑, 풍요의 날로 알려졌답니다.

Saturday   토요일

Saturday는 로마의 농경의 신 사투르누스(Saturn)의 날이에요. 다른 요일들이 북유럽 신들의 이름으로 바뀐 반면, Saturday는 로마 신의 이름이 그대로 남아 있는 유일한 요일이에요. Saturn은 농사, 시간, 질서를 관장한 신으로 노동과 인내, 그리고 수확의 상징이었어요. 그래서 Saturday는 일과 쉼, 정리의 날로 불렸어요.

Sunday   일요일

빛과 생명의 상징인 태양(Sun)의 날이에요. 태양은 생명을 주는 존재로 신성하게 여겨졌고, 그리스도교에서는 이 날을 '주님의 날'로 받아들여 안식일로 삼기도 했어요. 기쁨과 회복, 예배와 감사의 날로 여겨지는 Sunday는 한 주의 마무리이자 새로운 시작의 전환점이에요. 그래서 Sunday는 빛, 생명, 감사의 날로 여겨집니다.

어린이가 꼭 알아야 할 100가지 영어 교양
수상한 영어 어원 대백과

초판 1쇄 제작 2025년 5월 30일
초판 1쇄 발행 2025년 6월 10일

지은이 서미석
펴낸곳 브리드북스 | 펴낸이 이여홍
출판등록 제 2023-000116호(2023년 10월 11일)
주소 서울시 마포구 토정로 222 306호
이메일 breathebooks23@naver.com

ISBN 979-11-985453-9-8(73700)

- 책값은 뒤표지에 있습니다.
- 파본은 구입하신 서점에서 교환해드립니다.
- 이 책은 저작권법에 의하여 보호를 받는 저작물이므로 무단 전재와 복제를 금합니다.

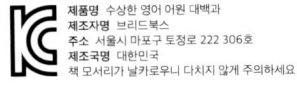